스쿠스쿠
すくすく 日本語 회화 ①

초판　1쇄　발행　2008년 11월　1일
개정판　1쇄　인쇄　2022년 12월 14일
개정판　1쇄　발행　2022년 12월 14일
개정판　5쇄　발행　2024년　9월 23일

지 은 이 | 히가시노 사토미(東野さとみ), 야마구치 카오리(山口香)
펴 낸 이 | 박경실
펴 낸 곳 | **PAGODA Books** 파고다북스
출판등록 | 2005년 5월 27일 제 300-2005-90호
주　　소 | 06614 서울특별시 서초구 강남대로 419, 19층(서초동, 파고다타워)
전　　화 | (02) 6940-4070
팩　　스 | (02) 536-0660
홈페이지 | www.pagodabook.com

저작권자 | ⓒ 2022 파고다북스

ISBN 978-89-6281-891-8 (13730)

파고다북스　　　www.pagodabook.com
파고다 어학원　　www.pagoda21.com
파고다 인강　　　www.pagodastar.com
테스트 클리닉　　www.testclinic.com

일본어가 쑥쑥 자라는

스쿠스쿠
すくすく

히가시노 사토미 · 야마구치 카오리 저

日本語
회화

1

PAGODA Books

머리말

ようこそ　会話クラスへ

初めての会話クラスで緊張しているかもしれませんね。でも安心してください。そんな学生さんでも安心して受けられるよう、前半の部分は易しく構成されています。中盤に差し掛かると徐々に難しい問題が出てきますが、全体的に初心者でも楽しく会話の練習ができるよう構成しました。

では、会話クラスを受ける際の注意点についてお話しします。ちょっと厳しいかもしれませんが…

それは授業中、スマホの使用を避けることです。スマホを使えば知らない単語の意味を調べることはできます。しかし、このときが日本語の実力をつけるチャンスなのです。単語を知らないときは他の似ている単語で説明したり、日本語が聞き取れないのならもっと簡単に説明してもらったりしましょう。楽な方法を選ばず自分自身が持っている力で乗り越えてください。それが後で自分の力になるはずです。これを守って授業を受ければきっと日本語がどんどん上達すると思います。

最後に本書の出版にあたりご協力くださったパクギョンシル会長、ゴルダ代表、出版社の方々、カンナム校の同僚たち、監修してくださった他校の先生方、そして私の授業を受講してくださった学生方に心から感謝の気持ちを申し上げます。

東野さとみ

회화 수업에 오신 것을 환영합니다.

처음 듣는 회화반에서 긴장하고 있을지도 모르겠군요. 하지만 안심하세요. 그런 학생 여러분도 안심하고 수업을 들을 수 있도록 전반부는 쉽게 구성하였습니다. 중반쯤 다다르면 서서히 어려운 문제가 나오지만, 전체적으로 초급자도 즐겁게 회화 연습을 할 수 있도록 구성하였습니다.

그럼, 회화 수업을 들을 때 주의점에 대해 말씀드리겠습니다. 조금 까다로울지도 모르겠습니다만…

그건 수업 중 스마트폰 사용을 피하는 것입니다. 스마트폰을 사용하면 모르는 단어의 뜻을 검색하는 것은 가능합니다. 하지만, 이때가 일본어 실력을 늘릴 기회입니다. 단어를 모를 때는 다른 비슷한 단어로 설명하거나 알아들을 수 없는 일본어라면 좀 더 간단하게 설명해달라고 해봅시다. 편한 방법을 선택하지 않고 자기 자신이 가진 능력으로 극복하세요. 그것이 나중에 자신의 힘이 될 겁니다. 이걸 지켜 수업을 들으면 분명 일본어 실력이 점점 늘 것입니다.

마지막으로 이 책의 출판에 있어서 많은 도움을 수신 박경실 회상님, 고루다 대표님, 출판사 관게자분들, 깅남힉원의 동료분들, 내용을 감수해주신 다른 분원의 선생님들, 그리고 제 수업을 들어주신 수강생 여러분들께 진심으로 감사의 마을을 전합니다.

히가시노 사토미

いよいよ会話のクラスが始まりますね。会話のクラスに対する不安から緊張している方も多いと思います。でも大丈夫ですよ。安心してください。

本書は初級の学生さんを対象に作られた本です。初級といえども日常会話でよく使う基礎的で最も重要な文型がたっぷり詰まっています。そのため本書でぜひ習得していただきたい単語や身近でわかりやすい例文、よく使うシチュエーションを考えた練習しましょう、さらに応用練習として実践力を身に付けるアクティビティ、習った文法をすべて網羅した読みましょうを心掛け作成いたしました。

「失敗は成功のもと」と言いますが日本語で積極的に話し、時にはミスをしてもそれがきっとみなさんの糧になるはずです。恥ずかしがらずにどんどん話していただきたいです。本書がみなさんの日本語学習の一助になれば幸いです。

末筆ながら本書を出版するにあたってお力添えいただいたパクギョンシル会長をはじめコルダ代表、PAGODABooks出版社の皆様方、執筆並びに編集の過程でご尽力いただいたPAGODA語学院日本語科の先生方、さとみ先生、受講していただいたすべての学生さんに心より感謝申し上げます。

山口香

드디어 회화 수업이 시작되었습니다. 회화반에 대한 불안에서부터 긴장하고 있는 분도 많을 거라고 생각합니다. 하지만 괜찮습니다. 안심하세요.

이 책은 초급 학생분들을 대상으로 만들어진 책입니다. 초급이라 할지라도 일상생활에서 자주 사용하는 기초적이고 가장 중요한 문형이 듬뿍 담겨있습니다. 그 때문에 이 책에서 꼭 습득해주었으면 하는 단어와 일상에서 알기 쉬운 예문, 자주 사용되는 상황을 상정한 「練習しましょう」, 나아가 응용 연습으로서 실천력을 몸에 익힐 수 있는 「アクティビティ」 배운 문법을 총망라한 「読みましょう」에 유의하며 집필했습니다.

'실패는 성공의 어머니'라는 말이 있습니다만, 일본어로 적극적으로 말하고, 때로는 실수를 해도 그것이 분명 여러분의 양식이 될 것입니다. 부끄러워하지 말고 계속해서 말해주세요. 이 책이 여러분의 일본어 학습에 도움이 된다면 좋겠습니다.

끝으로, 이 책을 출판하기까지 큰 도움을 주신 박경실 회장님을 비롯하여 고루다 대표님, 파고다북스 출판사 관계자분들, 집필 및 편집 과정에서 도움을 주신 파고다 어학원 일본어 선생님들, 사토미 선생님, 수강해주신 모든 학생분들께 진심으로 감사의 말씀 드립니다.

야마구치 카오리

일러두기

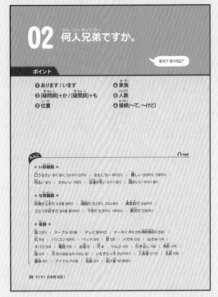

たんご 🎧 mp3

각 과에서 알아둬야 할 단어를 정리했습니다.
연습문제에서 활용할 수 있는 단어도 함께 수록하였으니
참고해주세요. mp3를 활용하여 원어민 음성으로
들어보며 단어를 외워두면 많은 도움이 됩니다.

読みましょう 🎧 mp3

각 과의 주요 문형을 쉽고 자연스럽게 대화문으로
엮었습니다. 읽고, 듣고, 따라 말해보며 원어민들이
어떤 식으로 회화를 전개해 나가는지 학습합니다.

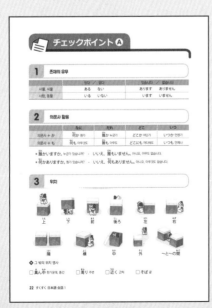

チェックポイント

회화에서 요긴하게 사용되는 문형을 소개하며, 예문을
통해 이해하여 확실히 익힐 수 있게 하였습니다.

본 교재는 문법 공부를 마친 학습자들의 회화 연습을
목적으로 합니다. 복습 형태로 정리하는 것을 추천해
드립니다.

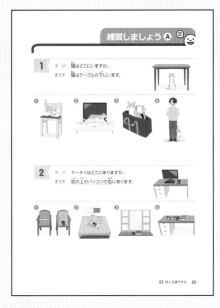

練習しましょう
제시된 예문을 보고 그림을 참고하여 대화문을
완성하는 연습입니다. 충분한 패턴 연습을 통해 다양한
상황에서 응용하여 말할 수 있는 실력을 길러줍니다.

アクティビティ
롤플레잉, 인터뷰 등의 활동을 진행할 수 있도록
구성하였습니다. 예시를 참고하여 클래스메이트들과
활발하게 대화를 나눠보세요.

부가 학습자료 안내
www.pagodabook.com

1. 음원을 들으며 따라 말해봅니다.

2. 단어시험지 자동생성 프로그램을
   이용하여 단어테스트 용지를 출력하고
   어휘 학습을 점검합니다.

목차

01 アイスとホットと どちらがいいですか。

차가운 음료랑 따뜻한 음료 어느 것이 좋아요?

ポイント

❶ ～が好きだ / 嫌いだ

❷ ～と～とどちらが～ですか。

❸ ～の中で何(誰・いつ・どこ)が一番～ですか。

❹ 数(ひとつ、ふたつ、みっつ…)

❺ 数字(いち、に、さん…)

たんご 🎧 mp3

◆ **い形容詞** ◆

背が高い 키가 크다 ┃ かっこいい 멋있다 ┃ 甘い 달다 ┃ 辛い 맵다 ┃ おもしろい 재미있다

◆ **な形容詞** ◆

好きだ 좋아하다 ┃ 嫌いだ 싫어하다 ┃ 上手だ 잘하다, 능숙하다 ┃ 下手だ 잘 못하다, 서투르다 ┃

きれいだ 예쁘다 ┃ 便利だ 편리하다

◆ **名詞** ◆

運動 운동 ┃ 野球 야구 ┃ 海 바다 ┃ 山 산 ┃ 釣り 낚시 ┃ 犬 개 ┃ 猫 고양이 ┃ コーヒー 커피 ┃

コーラ 콜라 ┃ お金持ち 부자 ┃ 韓国料理 한국 요리 ┃ イタリアン 이탈리아 요리 ┃

日本料理 일본 요리 ┃ いちご 딸기 ┃ りんご 사과 ┃ 地下鉄 지하철 ┃ タクシー 택시 ┃

サッカー 축구 ┃ バスケットボール 농구 ┃ 食べ物 음식 ┃ 動物 동물 ┃ 季節 계절 ┃ 春 봄 ┃

夏 여름 ┃ 秋 가을 ┃ 冬 겨울 ┃ 果物 과일 ┃ 飲み物 음료 ┃ 芸能人 연예인 ┃ 場所 장소

🎧 mp3

読みましょう

まさき	紅茶とコーヒーとどちらが好きですか。
スジ	コーヒーの方が好きです。
まさき	アイスとホットとどちらがいいですか。
スジ	アイスでお願いします。まさきさんは？
まさき	私はホットにします。
	ケーキはどうしますか。
スジ	何がおすすめですか。
まさき	そうですね。
	ここはチョコが一番人気ですよ。
スジ	じゃあ、それにします。

・紅茶 홍차

・アイス 차가운 것(ice)

・ホット 뜨거운 것(hot)

・お願いします 부탁합니다

・～にする ~로 하다

・おすすめ 추천

・人気 인기

・店員 점원

・注文 주문

・-ずつ -씩

・以上でよろしいですか
이상으로 괜찮으시겠습니까?

・全部で 전부 해서

店員	いらっしゃいませ。ご注文は？
まさき	アイスコーヒーとホットコーヒーをひとつずつ。
	それから、チョコレートケーキをふたつください。
店員	アイスコーヒーとホットコーヒーをひとつずつ、
	チョコレートケーキふたつ。以上でよろしいですか。
まさき	はい。
店員	全部で2,350円です。
まさき	カードでお願いします。

1 기호나 능력을 나타내는 말

～が好きだ／嫌いだ ~를 좋아하다/싫어하다

◆ 好きだ／嫌いだ／上手だ／下手だ 기호나 능력을 나타내는 말 앞의 조사는 が

- 運動が好きです。 운동을 좋아해요.
- 野球を見ることが好きです。 야구를 보는 것을 좋아합니다.

2 비교 - 2가지 비교

A ＿＿＿＿＿と＿＿＿＿＿とどちらが＿＿＿＿＿か。

B ＿＿＿＿＿より＿＿＿＿＿の方が＿＿＿＿＿。

B どちらも（両方）＿＿＿＿＿。

たんご どちらも／両方 어느 쪽도, 양쪽 다

- A うどんとラーメンとどちらが好きですか。 우동과 라면 어느 쪽을 좋아해요?

  B うどんよりラーメンの方が好きです。 우동보다 라면 쪽을 좋아해요.

3 비교 - 3가지 이상 비교

A ＿＿＿＿＿と＿＿＿＿＿と＿＿＿＿＿の中で 何 が一番＿＿＿＿＿ですか。
＿＿＿＿＿＿＿＿＿＿＿＿＿＿の中で 誰 いつ どこ

B ＿＿＿＿＿が一番＿＿＿＿＿です。

- サムギョプサルとチキンとトッポッキの中で何が一番好きですか。
  삼겹살이랑 치킨이랑 떡볶이 중에 뭐가 제일 좋아요?

- 家族の中で誰が一番背が高いですか。 가족 중에서 누가 가장 키가 큽니까?

1

まさき　海と山とどちらが好きですか。

ス ジ　私は海の方が好きです。

まさき　どうしてですか。

ス ジ　釣りが好きですから。

❶ 　　❷

❸ 　　❹

2　好きだ

まさき　韓国料理とイタリアンと日本料理の中で
　　　　何が一番好きですか。

ス ジ　韓国料理が一番好きです。

❶　甘い

❷　便利だ

❸　おもしろい

練習しましょう A

3 食べ物／嫌いな食べ物は？

まさき　食べ物の中で何が一番好きですか。

スジ　とんかつが一番好きです。

まさき　嫌いな食べ物は何ですか。

スジ　サラダが嫌いです。

① 動物／嫌いな動物は？

② 季節／どうして？

③ 果物／その果物はいつがおいしい？

④ 韓国／どうして？

好きなもの (좋아하는 것)

各 제시어에 맞는 단어를 생각나는 대로 쓴 후, 옆 사람과 함께 보며 질문해 봅시다.

食べ物

- おすし ・
- てんぷら ・
- ・

飲み物

- コーヒー ・
- 水 ・
- ・

スポーツ

- 野球 ・
- サッカー ・
- ・

芸能人

- ・
- ・
- ・

動物

- ・
- ・
- ・

場所

- ・
- ・
- ・

❶ どんな ＿＿＿＿＿＿ が好きですか。

❷ ＿＿＿＿＿ と ＿＿＿＿＿ と、どちらが好き(嫌い)ですか。

❸ ＿＿＿＿＿ の中で何(誰・どこ・いつ)が一番好き(嫌い)ですか。

チェックポイント Ⓑ

1 개수

1	ひとつ	2	ふたつ	3	みっつ	4	よっつ	5	いつつ
6	むっつ	7	ななつ	8	やっつ	9	ここのつ	10	とお

2 숫자 읽기

	10	100	1000	10000
1	じゅう	ひゃく	せん	いちまん
2	にじゅう	にひゃく	にせん	にまん
3	さんじゅう	さんびゃく	さんぜん	さんまん
4	よんじゅう	よんひゃく	よんせん	よんまん
5	ごじゅう	ごひゃく	ごせん	ごまん
6	ろくじゅう	ろっぴゃく	ろくせん	ろくまん
7	ななじゅう	ななひゃく	ななせん	ななまん
8	はちじゅう	はっぴゃく	はっせん	はちまん
9	きゅうじゅう	きゅうひゃく	きゅうせん	きゅうまん

たんご いらっしゃいませ。어서 오세요. | 禁煙席でお願いします。금연석으로 부탁합니다.
ご注文は？주문은요? | 以上でよろしいですか。이상으로 괜찮으시겠습니까?
一括払い 일시불 | 分割 할부 | お返し 거스름돈

✅ いくらですか。ひらがなで書きましょう。

❶ 625円 〰〰〰〰〰〰〰 えん

❷ 1,980円 〰〰〰〰〰〰〰 えん

❸ 3,360円 〰〰〰〰〰〰〰 えん

❹ 18,800円 〰〰〰〰〰〰〰 えん

1 각각의 보기를 대입하여 아래와 같이 대화를 구성해 보세요.

店員 いらっしゃいませ。ご注文は？

スジ ⓐハンバーグとオムライスをひとつずつ。

それから、オレンジジュースふたつください。

店員 ハンバーグとオムライスをひとつずつ、オレンジ
ジュースふたつですね。以上でよろしいですか。

スジ はい。

店員 全部でⓑ2,610円です。

スジ ⓒ3,000円でお願いします。

店員 はい、ⓓ390円のお返しです。ありがとうございます。

❶ ⓐ チーズケーキとアイス×1、コーヒー×2　　ⓑ 1,660円

　 ⓒ 2,000円　　　　　　　　　　　　　　　　ⓓ 340円

❷ ⓐ ピザとコーラ×2　　　　　　　　　　　　ⓑ 2,740円

　 ⓒ 5,000円　　　　　　　　　　　　　　　　ⓓ 2,260円

❸ ⓐ ハンバーグ×1、パスタ×2、サラダ×1　　ⓑ 3,730円

　 ⓒ 4,000円　　　　　　　　　　　　　　　　ⓓ 270円

❹ ⓐ ステーキとハンバーグ×2、コーラ×3　　ⓑ 7,460円

　 ⓒ 10,000円　　　　　　　　　　　　　　　ⓓ 2,540円

アクティビティ B

これにします (이걸로 할게요)

☑️ 아래의 메뉴를 보고 주문해 봅시다.

食べ物

ステーキ 2,300円 | ハンバーグ 1,100円 | オムライス 890円

パスタ 980円 | ピザ 1,150円 | サラダ 670円

飲み物とデザート

オレンジジュース 310円 | コーラ 220円 | コーヒー 390円

チーズケーキ 480円 | プリン 360円 | アイス 400円

もっと知りたい！！

|||||||||||||||||||| 動物(どうぶつ) ||||||||||||||||||||

ゾウ　　ウサギ　　クマ　　ウシ　　ネズミ

ブタ　　カエル　　サル　　トラ　　ライオン

|||||||||||||||||||| 果物(くだもの) ||||||||||||||||||||

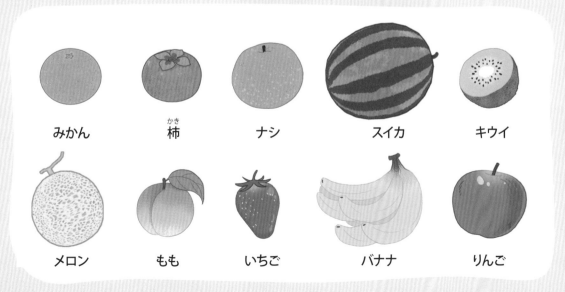

みかん　　柿(かき)　　ナシ　　スイカ　　キウイ

メロン　　もも　　いちご　　バナナ　　りんご

02 何人兄弟ですか。
なん にん きょう だい

형제가 몇이에요?

ポイント

❶ あります / います
❷ [疑問詞] ＋ か / [疑問詞] ＋ も
　 ぎ もん し　　　　　ぎ もん し
❸ 位置
　 い ち

❹ 家族
　 か ぞく
❺ 人数
　 にんずう
❻ 接続(〜て、〜けど)
　 せつぞく

たんご　　　　　　　　　　　　　　　　　　　　　　　　　　　　　　　　　　　　　　　🎧 mp3

◆ い形容詞 ◆
けいようし

口うるさい 말이 많다, 잔소리가 심하다 ｜ おもしろい 재미있다 ｜ 優しい 상냥하다, 친절하다 ｜
くち　　　　　　　　　　　　　　　　　　　　　　　　　　　　　　　　　　やさ

明るい 밝다 ｜ かわいい 귀엽다 ｜ 友達が多い 친구가 많다 ｜ 頭がいい 머리가 좋다
あか　　　　　　　　　　　　　　　　　　　　とも だち おお　　　　　　　　　あたま

◆ な形容詞 ◆
けいようし

料理が上手だ 요리를 잘하다 ｜ 頑固だ 완고하다, 고집스럽다 ｜ 真面目だ 성실하다 ｜
りょう り じょう ず　　　　　　　　　　がん こ　　　　　　　　　　　　　　ま じ め

ゴルフが好きだ 골프를 좋아하다 ｜ 下手だ 잘 못하다, 서투르다 ｜ 親切だ 친절하다
す　　　　　　　　　　　　　　　　へ た　　　　　　　　　　　　しん せつ

◆ 名詞 ◆
めい し

猫 고양이 ｜ テーブル 테이블 ｜ テレビ 텔레비전 ｜ ケータイ 휴대 전화(携帯電話의 준말) ｜
ねこ　　　　　　　　　　　　　　　　　　　　　　　　　　　　　　　　　　けいたいでん わ

机 책상 ｜ パソコン 컴퓨터 ｜ ベッド 침대 ｜ 窓 창문 ｜ メガネ 안경 ｜ はさみ 가위 ｜
つくえ　　　　　　　　　　　　　　　　　　　まど

タバコ 담배 ｜ 電話 전화 ｜ お金 돈 ｜ 花 꽃 ｜ りんご 사과 ｜ 引き出し 서랍 ｜ 時計 시계 ｜
でん わ　　　　　 かね　　 はな　　　　　　　　　　　　　ひ だ　　　　　　 と けい

箱 상자 ｜ 方 분(사람을 높여 이르는 말) ｜ いたずらっ子 장난꾸러기 ｜ 人気者 인기인 ｜ 名前 이름 ｜
はこ　　　　かた　　　　　　　　　　　　　　　　　　こ　　　　　　　　　　にん き もの　　　　　 な まえ

趣味 취미 ｜ アイドル 아이돌 ｜ 性格 성격 ｜ 怠け者 게으름뱅이
しゅ み　　　　　　　　　　　　　せいかく　　　　　 なま もの

読みましょう

スジ　まさきさんは何人兄弟ですか。

まさき　私は兄と、弟と私の三人兄弟です。

スジ　そうですか。兄弟と顔が似ていますか。

まさき　はい、とても似ています。

（写真を出す）

まさき　右が兄で、左が弟です。

スジ　まさきさんはお兄さんととても似ていますね。
　　　お兄さんはどんな方ですか。

まさき　兄は静かで、本を読むのが好きです。

スジ　弟さんはどんな方ですか。

まさき　弟はちょっとうるさいですけど、かわいいです。

スジ　弟さんは何歳下ですか。

まさき　4歳下です。
　　　スジさんは何人兄弟ですか。

スジ　私は三人姉妹です。姉と妹がいます。

まさき　私もスジさんも三人兄弟の真ん中ですね。

・兄弟 형제
・顔 얼굴
・似ている 닮았다, 비슷하다
・~の ~것
・ちょっと 조금
・何歳 몇 살
・4歳 네 살
・姉妹 자매
・真ん中 한가운데, 중간

チェックポイント Ⓐ

1　존재의 유무

	있다 / 없다		있습니다 / 없습니다	
사물, 식물	ある	ない	あります	ありません
사람, 동물	いる	いない	います	いません

2　의문사 활용

	なに	だれ	どこ	いつ
의문사 ＋ か	何か 뭔가	誰か 누군가	どこか 어딘가	いつか 언젠가
의문사 ＋ も	何も 아무것도	誰も 아무도	どこにも 어디에도	いつも 언제나

- 誰かいますか。 누군가 있습니까? － いいえ、誰もいません。 아니요, 아무도 없습니다.
- 何かありますか。 뭔가 있습니까? － いいえ、何もありません。 아니요, 아무것도 없습니다.

3　위치

上 (うえ)　下 (した)　前 (まえ)　後ろ (うし)　左 (ひだり)　右 (みぎ)

隣 (となり)　横 (よこ)　中 (なか)　外 (そと)　～と～の間 (あいだ)

◆ 그 밖의 위치 명사

☐ 真ん中 (ま なか) 한가운데, 중간　☐ 周り (まわ) 주변　☐ 近く (ちか) 근처　☐ そば 곁

1

スジ　猫はどこにいますか。

まさき　猫はテーブルの下にいます。

　❶　　❷　　❸　　❹

2

スジ　ケータイはどこにありますか。

まさき　机の上のパソコンの右にあります。

　❶　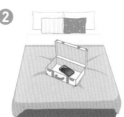　❷　　❸　　❹

アクティビティ Ⓐ

部屋の中 (방 안)
へ や　なか

✅ 그림을 보며 방 안에 무엇이 있는지 옆 사람과 묻고 답해 봅시다.

❶ 犬・猫はどこにいますか。
いぬ　ねこ

❷ 　　　　　　　　はどこにありますか。

チェックポイント B

1 자기 가족(상대방 또는 제3자의 가족)

祖母
そぼ
(おばあさん)

祖父
そふ
(おじいさん)

姉
あね
(お姉さん)

父
ちち
(お父さん)

母
はは
(お母さん)

妹
いもうと
(妹 さん)

弟
おとうと
(弟 さん)

私
わたし
(あなた)

兄
あに
(お兄さん)

妻
つま
(奥さん)
おく

夫
おっと
(ご主人)
しゅじん

息子
むすこ
(息子さん)
むすこ

娘
むすめ
(娘さん)
むすめ

◆ 그 밖의 명칭

☐ 長男 장남
ちょうなん

☐ 次男 차남
じなん

☐ 末っ子 막내
すえ こ

☐ 長女 장녀
ちょうじょ

☐ 次女 차녀
じじょ

☐ 一人っ子 외동아들／딸
ひとり こ

2 인원수

1	一人 ひとり	2	二人 ふたり	3	三人 さんにん	4	四人 よにん	5	五人 ごにん
6	六人 ろくにん	7	七人・七人 しちにん なになん	8	八人 はちにん	9	九人 きゅうにん	10	十人 じゅうにん

3 연결

	~(이)고, ~(해)서	~지만
동사	~て	
い형용사	~い + くて	문장 + けど
な형용사, 명사	~だ + で	

☺ 🗉 練習しましょう B

1

まさき　スジさんは<ruby>何人<rt>なんにん</rt></ruby><ruby>家族<rt>か ぞく</rt></ruby>ですか。

スジ　<ruby>私<rt>わたし</rt></ruby>は、ⓐ<ruby>父<rt>ちち</rt></ruby>と<ruby>母<rt>はは</rt></ruby>と<ruby>兄<rt>あに</rt></ruby>と<ruby>私<rt>わたし</rt></ruby>の<ruby>四人<rt>よ にん</rt></ruby><ruby>家族<rt>か ぞく</rt></ruby>です。まさきさんは？

まさき　<ruby>私<rt>わたし</rt></ruby>は、ⓑ<ruby>父<rt>ちち</rt></ruby>と<ruby>母<rt>はは</rt></ruby>と<ruby>私<rt>わたし</rt></ruby>の<ruby>三人<rt>さんにん</rt></ruby><ruby>家族<rt>か ぞく</rt></ruby>です。

ⓐ 　ⓑ

❶ ⓐ 　❷ ⓐ 　❸ ⓐ

ⓑ 　ⓑ 　ⓑ

2

まさき　ⓐ<ruby>お母<rt>か あ</rt></ruby>さんはどんな<ruby>方<rt>かた</rt></ruby>ですか。

スジ　ⓑ<ruby>少<rt>すこ</rt></ruby>し<ruby>口<rt>くち</rt></ruby>うるさいですけど、<ruby>料理<rt>りょう り</rt></ruby>が<ruby>上手<rt>じょう ず</rt></ruby>です。

まさき　ⓒ<ruby>お兄<rt>に い</rt></ruby>さんはどんな<ruby>方<rt>かた</rt></ruby>ですか。

スジ　ⓓおもしろくて、<ruby>明<rt>あか</rt></ruby>るいです。

❶ ⓐ <ruby>父<rt>ちち</rt></ruby>　ⓑ <ruby>頑固<rt>がん こ</rt></ruby>だ／<ruby>優<rt>やさ</rt></ruby>しい　ⓒ <ruby>姉<rt>あね</rt></ruby>　ⓓ <ruby>明<rt>あか</rt></ruby>るい／<ruby>真面目<rt>ま じ め</rt></ruby>だ

❷ ⓐ <ruby>弟<rt>おとうと</rt></ruby>　ⓑ いたずらっ<ruby>子<rt>こ</rt></ruby>／かわいい　ⓒ <ruby>妹<rt>いもうと</rt></ruby>　ⓓ <ruby>人気者<rt>にん き もの</rt></ruby>／<ruby>友達<rt>ともだち</rt></ruby>が<ruby>多<rt>おお</rt></ruby>い

❸ ⓐ <ruby>夫<rt>おっと</rt></ruby>　ⓑ ゴルフが<ruby>好<rt>す</rt></ruby>きだ／<ruby>下手<rt>へ た</rt></ruby>だ　ⓒ <ruby>息子<rt>むす こ</rt></ruby>　ⓓ <ruby>頭<rt>あたま</rt></ruby>がいい／<ruby>親切<rt>しんせつ</rt></ruby>だ

自己紹介 (자기소개)
じ こ しょうかい

❶ 나에 대해 써본 후, 모두에게 소개합시다.

例

名前　　　キムスジ
な まえ

趣味　　　アイドルのコンサートに行くこと
しゅ み　　　　　　　　　　　　　　　　い

性格　　　明るい・怠け者
せいかく　　あか　　　　なま　もの

こんにちは。私の名前は ＿＿＿＿＿ です。
　　　　　わたし　な まえ

私の趣味は ＿＿＿＿＿＿＿ です。
わたし しゅ み

そして、私の性格は ＿＿＿＿ (ですけど・〜て) ＿＿＿ です。
　　　　わたし せいかく

❷ 다른 사람들의 자기소개 내용을 듣고 아래에 써 봅시다.

クラスメイトの名前	趣味	性格

03 授業は何時からですか。

じゅぎょう　なん　じ

수업은 몇 시부터예요?

ポイント

❶ 時間
じかん

❷ 曜日
ようび

❸ 時間の前後関係
じかん　ぜんごかんけい

❹ 頻度
ひんど

❺ ～前に
まえ

❻ ～てから

❼ ～た後で
あと

たんご　🎧 mp3

◆ 動詞 ◆
どうし

運動する 운동하다 ┃ 友達に会う 친구를 만나다 ┃ コーヒーを飲む 커피를 마시다 ┃
うんどう　　　　　　　　　　　　　ともだち　あ　　　　　　　　　　　　　　　　　　　　の

昼ご飯を食べる 점심(밥)을 먹다 ┃ 家に帰る 집에 돌아가(오)다 ┃ 電話をかける 전화를 걸다 ┃
ひる　はん　た　　　　　　　　　　　　　　　いえ　かえ　　　　　　　　　　　　　　　　でん　わ

遊ぶ 놀다 ┃ 買い物をする 쇼핑을 하다 ┃ 調べる 찾다, 조사하다 ┃ 動画を見る 동영상을 보다 ┃
あそ　　　　　　か　もの　　　　　　　　　　　　しら　　　　　　　　　　　　　　どう　が　み

使う 사용하다 ┃ 持って行く 가지고 가다 ┃ 手を洗う 손을 씻다 ┃ 出かける 외출하다 ┃
つか　　　　　　も　　　い　　　　　　　　　　て　あら　　　　　　　　　　で

シャワーを浴びる 샤워를 하다 ┃ 寝る 자다 ┃ 音楽を聞く 음악을 듣다 ┃ 掃除をする 청소를 하다 ┃
あ　　　　　　　　　　　　ね　　　　　　おんがく　き　　　　　　　　　　　そう じ

化粧をする 화장을 하다 ┃ 料理を作る 요리를 만들다 ┃ 授業を受ける 수업을 듣다 ┃
け しょう　　　　　　　　　　りょう り　つく　　　　　　　　　　　じゅぎょう　う

歯を磨く 이를 닦다 ┃ 顔を洗う 얼굴을 씻다, 세수하다 ┃ 服を着る 옷을 입다 ┃
は　みが　　　　　　　　かお　あら　　　　　　　　　　　　　　　ふく　き

プールで泳ぐ 수영장에서 헤엄치다(수영하다) ┃ 休む 쉬다 ┃ 仕事が終わる 일이 끝나다 ┃
およ　　　　　　　　　　　　　　　　　　　　　　　やす　　　　　　し ごと　お

映画を見る 영화를 보다 ┃ 朝起きる 아침에 일어나다
えい が　み　　　　　　　　　あさお

◆ 名詞 ◆
めいし

アルバイト 아르바이트 ┃ 昼休み 점심시간, 점심때의 휴식 ┃ 会議 회의 ┃ ケータイ 휴대 전화 ┃
ひるやす　　　　　　　　　　　　　　　　かい ぎ

ゲーム 게임 ┃ 夜 밤 ┃ 食事中 식사 중 ┃ デート 데이트 ┃ 図書館 도서관 ┃ 彼女 그녀, 여자 친구
よる　　しょくじ ちゅう　　　　　　　　　　　　　　　　と しょかん　　　　かのじょ

読みましょう

まさき	仕事が終わってから何をしますか。
スジ	今日はジムに行って、運動をします。
まさき	よく運動をしますか。
スジ	いいえ、一週間に1回だけです。 仕事が終わってから運動をするのは大変です。
まさき	そうですね。大変ですね。
スジ	ところで、まさきさんは今日何をしますか。
まさき	仕事が終わった後で、韓国語の授業を受けます。
スジ	韓国語の勉強をしていますか。
まさき	はい。でも、まだ上手じゃありません。
スジ	韓国語の授業は何時からですか。
まさき	午後8時からです。
スジ	じゃあ、韓国語の授業の前に 私と韓国語で話す練習をしませんか。
まさき	まだそんなレベルじゃないですよ。

- 終わる 끝나다
- ジム 체육관, 피트니스 클럽
- 一週間に 일주일에
- ～回 ~회, ~번
- ところで
그런데, 그건 그렇고
- 授業を受ける 수업을 듣다
- じゃあ 그럼
- 練習 연습
- まだ 아직
- レベル 레벨, 수준

チェックポイント Ⓐ

1 시간

	時(じ)(시)	分(ふん)(분)	그 밖의 표현
1	いちじ	いっぷん	午前(ごぜん) 오전
2	にじ	にふん	午後(ごご) 오후
3	さんじ	さんぷん	～半(はん) ~반
4	よじ	よんぷん	前(まえ) 전
5	ごじ	ごふん	後(ご) 후
6	ろくじ	ろっぷん	以降(いこう) 이후
7	しちじ	ななふん	～から～まで ~부터 ~까지
8	はちじ	はっぷん	ちょうど 정각
9	くじ	きゅうふん	
10	じゅうじ	じゅっぷん	
11	じゅういちじ	じゅういっぷん	
12	じゅうにじ	じゅうにふん	
?	なんじ	なんぷん	

2 요일

月曜日(げつようび) 월요일	火曜日(かようび) 화요일	水曜日(すいようび) 수요일	木曜日(もくようび) 목요일
金曜日(きんようび) 금요일	土曜日(どようび) 토요일	日曜日(にちようび) 일요일	何曜日(なんようび)

3 시간 전후 관계

一昨日(おととい)	昨日(きのう)	今日(きょう) 오늘	明日(あした)	明後日(あさって)
先々週(せんせんしゅう)	先週(せんしゅう)	今週(こんしゅう) 이번 주	来週(らいしゅう)	再来週(さらいしゅう)
先々月(せんせんげつ)	先月(せんげつ)	今月(こんげつ) 이번 달	来月(らいげつ)	再来月(さらいげつ)
一昨年(おととし)	去年(きょねん)	今年(ことし) 올해	来年(らいねん)	再来年(さらいねん)

4 빈도

☐ いつも 항상, 언제나　　☐ よく 자주　　☐ 時々(ときどき) 때때로　　☐ たまに 가끔

☐ あまり 그다지　　☐ ほとんど 거의　　☐ 全然(ぜんぜん) 전혀

1

まさき	ⓐ 日本語の授業は何時から何時までですか。
スジ	ⓑ 午前9時から午後1時までです。
まさき	その後で何をしますか。
スジ	ⓒ 運動します。

❶ ⓐ アルバイト ⓑ  ⓒ

❷ ⓐ 昼休み ⓑ  ⓒ

❸ ⓐ 会議 ⓑ  ⓒ

❹ ⓐ 映画 ⓑ  ⓒ

アクティビティ Ⓐ

ケータイ依存度 (いぞんど) (휴대 전화 의존도)

☑️ 서로 질문해 보면서, 휴대 전화 의존도를 점검해 봅시다.

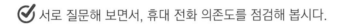

質問 (しつもん)	全然 (ぜんぜん)	あまり	時々 (ときどき)	よく	メモ
❶ よくケータイで電話(でん わ)をかけますか。	5 ──	3 ──	2 ──	0	一日何分話す?(いちにちなんぷんはな)
❷ よくケータイゲームで遊(あそ)びますか。	5 ──	3 ──	2 ──	0	どんなゲーム?
❸ よくケータイで買(か)い物(もの)をしますか。	5 ──	3 ──	2 ──	0	何を買う?(なに か)
❹ よくケータイで調(しら)べますか。	5 ──	3 ──	2 ──	0	何を調べる?(なに しら)
❺ よくケータイで動画(どう が)を見(み)ますか。	5 ──	3 ──	2 ──	0	何を見る?(なに み)
❻ よくケータイでSNSをしますか。	5 ──	3 ──	2 ──	0	どんなSNS?
❼ よく地下鉄(ち か てつ)(バス)の中(なか)でケータイを使(つか)いますか。	5 ──	3 ──	2 ──	0	何をする?(なに)
❽ よくトイレにケータイを持(も)って行(い)きますか。	5 ──	3 ──	2 ──	0	何をする?(なに)
❾ よく夜(よる)にケータイを見(み)ますか。	5 ──	3 ──	2 ──	0	何を見る?(なに み)
❿ 食事中(しょく じ ちゅう)、よくケータイを見(み)ますか。	5 ──	3 ──	2 ──	0	何を見る?(なに み)
	結果 (けっ か)		点 (てん)		

◆ 結果 (けっ か)

0〜20　　大丈夫(だいじょう ぶ)ですか。今(いま)からケータイを見(み)ないでください!

21〜40　　まあまあですが、ケータイを使(つか)う時間(じ かん)を少(すく)なくしましょう。

41〜50　　あなたは大丈夫(だいじょう ぶ)です。安心(あんしん)してください。

チェックポイント Ⓑ

1 동작의 전후

~하기 전에	~하고 나서	~한 뒤에
동사 基本形 명사の + 前に	동사 て形 + てから	동사 た形 + た後で

- ご飯を食べる前に、手を洗います。 밥을 먹기 전에 손을 씻습니다.
- 出勤の前に、ジムで運動します。 출근 전에 체육관에서 운동합니다.
- 準備運動をしてから、泳ぎます。 준비 운동을 하고 나서 수영합니다.
- 宿題をした後で、お風呂に入ります。 숙제를 한 후에 목욕을 합니다.

2 て形（た形）

1グループ	2グループ	3グループ
~う、~つ、~る → ~って（った） ~ぬ、~む、~ぶ → ~んで（んだ） ~く → ~いて（いた） ~ぐ → ~いで（いだ） ~す → ~して（した） 예외 行く → 行って（行った）	~る → ~る+て（た）	する → して（した） 来る → 来て（来た）

1

まさき　出かける前に何をしますか。

ス ジ　そうですね。
　　　　出かける前にシャワーを浴びます。

 ➡ 出かけます

❶ ➡ 寝ます

❷ ➡ 友達が来ます

❸ ➡ デート

❹ ➡ 食事

2

ス ジ　今日は何をしますか。

まさき　買い物をしてから家に帰ります。

ス ジ　その後で何をしますか。

まさき　掃除をした後で料理を作ります。

❶

❷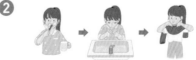

❸

❹

アクティビティ Ⓑ

わたしの一日 (나의 하루)

☑ 일과를 써본 후, 서로 질문해 봅시다.

(朝起きる、朝・昼・夕ご飯を食べる、出かける、仕事、授業…)

わたし	時間	さん
	午前 6:00	
	7:00	
	8:00	
	9:00	
	10:00	
	11:00	
	昼 12:00	
	午後 1:00	
	2:00	
	3:00	
	4:00	
	5:00	
	6:00	
	7:00	
	8:00	
	9:00	
	10:00	
	11:00	
	12:00	

A 何時に(何時から何時まで) ＿＿＿＿＿ ますか。

B ○時に(何時から何時まで) ＿＿＿＿＿ ます。Aさんは?

A 私は○時に(何時から何時まで) ＿＿＿＿＿ ます。

04 週末何をする予定ですか。

> 주말에 뭐 할 예정이에요?

ポイント

❶ 〜に行く/来る　　　❺ 予定

❷ 〜ませんか/〜ましょう　　❻ つもり

❸ 〜ましょうか/〜はどうですか　❼ 〜(よ)うと思っています

❹ 〜にする

🎧 mp3

たんご

◆ 動詞 ◆

コーヒーを飲む 커피를 마시다　|　山に登る 등산하다　|　散歩する 산책하다　|　ご飯を食べる 밥을 먹다　|

誘う 권(유)하다　|　留学する 유학하다　|　料理を作る 요리를 만들다　|　日本語を習う 일본어를 배우다　|

プールで泳ぐ 수영장에서 헤엄치다(수영하다)　|　犬と遊ぶ 개와 놀다　|　課題を出す 과제를 내다　|

家で休む 집에서 쉬다　|　アルバイトをする 아르바이트를 하다

◆ 名詞 ◆

公園 공원　|　居酒屋 선술집　|　遊園地 유원지　|　野球 야구　|　カフェ 카페　|　美術館 미술관　|

図書館 도서관　|　コンサート 콘서트　|　ネット・カフェ PC방　|　海 바다　|　出張 출장　|

人気 인기　|　今週末 이번 주말　|　祭り 마쓰리(축제)

◆ 表現 ◆

楽しみにしています 기대할게요

🎧 mp3

読みましょう

まさき　スジさん、週末何をする予定ですか。

スジ　金曜日から家族と出かける予定です。

まさき　そうですか。土曜日の夜、おいしいおすしを

　　　　食べに行こうと思っていますけど、

　　　　一緒に行きませんか。

スジ　土曜日の夜はちょっと…。その日に、

　　　　新幹線で戻るつもりですから、遅くなります。

　　　　日曜日の夜はどうですか。

まさき　今週の日曜日はちょっと…。映画を見る予定があって…。

　　　　じゃあ、来週の日曜日はどうですか。

スジ　いいですね。来週の日曜日にしましょう。

　　　　どこで、何時に会いましょうか。

まさき　東京駅の前で12時はどうですか。

スジ　いいですね。じゃあ、そうしましょう。

- 週末 주말
- 出かける 외출하다
- おいしい 맛있다
- おすし 초밥
- 新幹線 신칸센(일본의 고속철도)
- 戻る 돌아가다
- 遅くなる 늦어지다

チェックポイント Ⓐ

1 목적

동사 **ます形** + に行く／来る   ~하러 가다(오다)
동작성 명사

- 映画を見に行きます。   영화를 보러 갑니다.
- 友達が釜山から遊びに来ました。   친구가 부산에서 놀러 왔습니다.
- デパートへ買い物に行きましょう。   백화점에 쇼핑하러 갑시다.

2 권유

동사 **ます形** + ませんか   ~하지 않겠습니까?
동사 **ます形** + ましょう   ~합시다

- A コーヒーを飲みに行きませんか。   커피를 마시러 가지 않을래요?

  B いいですね。行きましょう。   좋네요. 갑시다.

  B すみません、今日はちょっと用事があって…。   미안해요, 오늘은 일이 있어서 좀….

3 상대방 의향 묻기

동사 **ます形** + ましょうか   ~할까요?
명사 + はどうですか   ~은 어때요?

- A 何時に会いましょうか。   몇 시에 만날까요?   B 10時はどうですか。   10시는 어때요?

4 선택

명사 + にする   ~로 하다

- A 何を食べましょうか。   뭘 먹을까요?   B おすしにしましょう。   초밥으로 합시다.

練習しましょう Ⓐ

1

スジ　土曜日一緒に山へ登りに行きませんか。

まさき　いいですね。行きましょう。

　　　　楽しみにしています。

山/登る

❶ 公園／散歩

❷ 居酒屋／お酒を飲む

❸ 遊園地／遊ぶ

❹ 日本／旅行

2

まさき　よかったら、一緒にⓐ野球を見に行きませんか。

スジ　いいですね。行きましょう。何時にしましょうか。

まさき　ⓑ1時半はどうですか。

スジ　いいですね。ではどこで会いましょうか。

まさき　ⓒ野球場で会いましょう。

❶ ⓐ
ⓑ 4時
ⓒ 映画館の前

❷ ⓐ
ⓑ 7時
ⓒ 店の前

❸ ⓐ
ⓑ 9時
ⓒ 駅

❹ ⓐ
ⓑ 12時
ⓒ カフェの前

誘いましょう (초대합시다)

ア래 그림과 내용을 참고하여 옆 사람을 초대해 보고, 권유받은 사람은 갈지 말지를 정해서 답해 봅시다.

例 まさき　よかったら、一緒に動物園に行きませんか。

スジ　いいですね、行きましょう。何時にしましょうか。

まさき　10時はどうですか。

スジ　いいですね。ではどこで会いましょうか。

まさき　東京動物園の前で会いましょう。

10:00〜18:00
東京動物園

遊園地

8:00〜22:00
東京遊園地

買い物

10:30〜20:30
新宿デパート

居酒屋

15:00〜24:00
六本木居酒屋

美術館

10:00〜18:00
港区美術館

図書館

9:00〜18:00
お台場図書館

コンサート

17:30〜20:00
渋谷ホール

ネットカフェ

0:00〜24:00

24ネットカフェ

海

自由

江の島ビーチ

チェックポイント Ⓑ

1 예정 · 계획

1 동사 **基本形**_{きほんけい}
명사の + **予定**_{よてい} ~할 예정이다

➡ 구체적으로 정해진 예정

- 日本_{にほん}に留学_{りゅうがく}する予定_{よてい}です。 일본으로 유학 갈 예정입니다.
- 明日_{あした}から出張_{しゅっちょう}の予定_{よてい}です。 내일부터 출장 예정입니다.

2 동사 **基本形**_{きほんけい} + **つもり** ~할 작정이다

➡ 미래의 계획, 작정 등을 나타내는 표현

- 週末_{しゅうまつ}、人気_{にんき}の映画_{えいが}を見_みるつもりです。 주말에, (요즘) 인기 있는 영화를 볼 작정입니다.

3 동사 의지형 + **と思**_{おも}**っています** ~하려고 생각하고 있습니다

◆ 意志形_{いしけい}

1グループ	2グループ	3グループ
어미 → お단 + う	어미 る → + よう	する → しよう 来る → 来_こよう
例 行_いく → 行_いこう 話_{はな}す → 話_{はな}そう	例 食_たべる → 食_たべよう 見_みる → 見_みよう	

- 今週末_{こんしゅうまつ}祭_{まつ}りに行_いこうと思_{おも}っています。
  이번 주말에 마쓰리(축제)에 가려고 생각하고 있습니다.

練習しましょう B

1

例 まさき　スジさん、月曜日の午前は何をしますか。

　スジ　公園に行こうと思っています。

	午前	午後	あなたの予定を書きましょう
月曜日	公園に行く	カフェでコーヒーを飲む	
火曜日	料理を作る	友達に会う	
水曜日	日本語を習う	プールで泳ぐ	
木曜日	犬と遊ぶ	映画を見る	
金曜日	課題を出す	お酒を飲む	
週末	家で休む	アルバイトをする	

アクティビティ Ⓑ

旅行の計画を立てよう！ (여행 계획을 세우자!)

❶ 옆 사람과 함께 여행 계획을 세우고 아래에 정리해 봅시다.

> A ＿＿＿＿＿＿＿＿＿ませんか。
> B いいですね。＿＿＿＿＿ましょう。／すみません、○○はちょっと…。
> A ＿＿＿＿＿＿はどうですか。
> B いいですね、じゃあ＿＿＿＿＿＿＿にしましょう。

❶ どこに行く ＿＿＿＿＿＿＿＿＿＿＿＿＿＿

❷ 誰と行く ＿＿＿＿＿＿＿＿＿＿＿＿＿＿＿

❸ 何で行く ＿＿＿＿＿＿＿＿＿＿＿＿＿＿＿

❹ 何時に会う ＿＿＿＿＿＿＿＿＿＿＿＿＿＿

❺ どこで会う ＿＿＿＿＿＿＿＿＿＿＿＿＿＿

❻ 行って何をする ＿＿＿＿＿＿＿＿＿＿＿＿

❼ 行って何を食べる ＿＿＿＿＿＿＿＿＿＿

❽ どんなお土産を買う ＿＿＿＿＿＿＿＿＿

❷ 다른 사람들의 여행 계획을 물어보고, 나의 여행 계획도 설명해 봅시다.

> A ＿＿＿さんは、どこに旅行に行く予定ですか。
> B ＿＿＿と思っています。
> A ＿＿＿予定ですか。
> B ＿＿＿と思っています。

05 帽子をかぶっている人が 社長です。

ぼうし / ひと / しゃちょう

> 모자를 쓰고 있는 사람이 사장님입니다.

❶ ～ている(進行、状態、習慣)　❹ ～すぎる

❷ ～ながら　❺ ～か

❸ ～ている(描写)

たんご 🎧 mp3

◆ **動詞** ◆

大学に通う 대학(교)에 다니다　｜　知る 알다　｜　犬の散歩をする 개 산책을 하다　｜

ベンチに座る 벤치에 앉다　｜　踊りを踊る 춤을 추다　｜　友達と話す 친구와 이야기하다　｜

歌を歌う 노래를 부르다　｜　タバコを吸う 담배를 피우다　｜　自転車に乗る 자전거를 타다　｜　寝る 자다　｜

水を飲む 물을 마시다　｜　写真を撮る 사진을 찍다　｜　歩く 걷다　｜　絵を描く 그림을 그리다　｜

新聞を読む 신문을 읽다　｜　待つ 기다리다　｜　ギターを弾く 기타를 치다　｜　日本語を習う 일본어를 배우다　｜

買い物をする 쇼핑을 하다　｜　遊ぶ 놀다　｜　帽子をかぶる 모자를 쓰다　｜　メガネをかける 안경을 쓰다　｜

シャツを着る 셔츠를 입다　｜　ズボンを履く 바지를 입다　｜　持つ 들다　｜　パーマをかける 파마를 하다　｜

髪を結ぶ 머리를 묶다　｜　ネクタイを締める 넥타이를 매다　｜　お酒を飲む 술을 마시다　｜　太る 살찌다

◆ **い形容詞** ◆

かばんが重い 가방이 무겁다　｜　頭が痛い 머리가 아프다　｜　眠い 졸리다　｜　問題が難しい 문제가 어렵다

◆ **な形容詞** ◆

歌が下手だ 노래를 질 못하디　｜　大変だ 힘들다　｜　暇だ 한가하다

◆ **名詞** ◆

歌手 가수　｜　お弁当 도시락　｜　趣味 취미　｜　週末 주말　｜　ストレス解消 스트레스 해소　｜

スニーカー 운동화　｜　ケータイ 휴대 전화　｜　方 분(사람을 높여 이르는 말)

読みましょう

スジ　まさきさん。

　　　シャツを着て、ネクタイを締めている方は

　　　誰ですか。

まさき　あれは木村さんですよ。

スジ　じゃあ、メガネをかけている方は誰ですか。

まさき　あれは、田中さんです。

　　　そして、コーヒーを飲みながら話をしている人は

　　　佐藤さんです。

スジ　日本人の名前は難しすぎて、覚えるのが大変です。

まさき　名前が長いですからね。

スジ　じゃあ、背が高くて、帽子をかぶって、スーツを着ている方は。

まさき　あれは社長です。

スジ　社長ですか。

　　　全然、わかりませんでした。

まさき　一緒にあいさつに行きましょう。

・方 분

・じゃあ 그럼

・名前 이름

・〜の 〜(하는)것

・長い 길다

・社長 사장(님)

・全然 전혀

・あいさつ 인사

チェックポイント Ⓐ

1 〜ている

동사 て形 + ている ~하고 있다

1 進行(진행)
- 今、友達と話しています。 지금, 친구와 이야기하고 있습니다.

2 状態(상태)
- イスに座っています。 의자에 앉아 있습니다.
- 制服を着ています。 교복을 입고 있습니다.

3 習慣、職業(습관, 직업)
- よく散歩をしています。 산책을 자주 합니다.
- 大学に通っています。 대학(교)에 다닙니다.

◆ 知っています ⇔ 知りません
- 日本の歌手を知っていますか。 일본 가수를 알아요?
- はい、知っています。 네, 알아요. ⇔ いいえ、知りません。 아니요, 몰라요.

2 〜ながら

동사 ます形 + ながら ~하면서

- 家族と話しながら、ご飯を食べています。 가족과 이야기하면서 밥을 먹고 있습니다.

1 誰が何をしているか話しましょう。

あいさん
たろうさん
ミンさん
イさん
田中さん
かなさん
鈴木さん
パクさん
佐藤さん
さおりさん
伊藤さん
ソンさん
キムさん
まことさん
中野さん
チェさん
みきさん

アクティビティ Ⓐ

していること (하고 있는 것)

☑ 「ていますか」を使用하여 질문해 봅시다.

質問	さん	さん
❶ 趣味でどんなことをしていますか。 それはおもしろいですか。		
❷ 週末はよく何をしていますか。		
❸ 毎日運動していますか。 どんな運動をしていますか。		
❹ どうして日本語を習っていますか。 いつから習っていますか。		
❺ ストレス解消に何をしていますか。		
❻ よくどこで買い物をしていますか。		
❼ どんなところで遊んでいますか。 何をしますか。		
❽ 〇〇〇を知っていますか。		
❾ 自由		

1 묘사

帽子をかぶっています。
メガネをかけています。
シャツを着ています。
ズボンを履いています。
スニーカーを履いています。
ケータイを持っています。

- かばんを持っています・かけています。　가방을 들고 있습니다·메고 있습니다.

- パーマをかけています。　파마를 했습니다.

- マスクをしています。　마스크를 하고 있습니다.

- 髪を結んでいます。　머리를 묶고 있습니다.

- ネクタイを締めています。　넥타이를 매고 있습니다.

- アクセサリーをしています。　액세서리를 하고 있습니다.　*액세서리는 모두 する를 사용해도 된다.

チェックポイント **B**

2 ～すぎる

동사 **ます形**
い형용사 ～い + **すぎる** 너무 ~하다
な형용사 ～だ

- お酒を飲みすぎました。 술을 너무 많이 마셨어요.

- かばんが重すぎます。 가방이 너무 무거워요.

- 歌が下手すぎます。 노래를 너무 못해요.

3 ～か

동사 **普通形**
い형용사 **普通形**
な형용사 ～だ + **か** ~할지
명사 **普通形**

- 友達がどこにいるかわかりません。 친구가 어디 있는지 모릅니다.

- アルバイトを休んでもいいか聞いてみます。 아르바이트를 쉬어노 될지 물어볼게요.

- スジさんが明日暇か知っていますか。 수지 씨가 내일 한가한지 알고 있나요?

- 最近、何が人気かわかりません。 요즘, 뭐가 인기인지 모르겠어요.

1

まさき　パクさんはどんな方ですか。

ス　ジ　スーツを着ています。

① 帽子 　② メガネ　③ ネクタイ　④ ズボン

2

ス　ジ　どうしたんですか。

まさき　お酒を飲みすぎて、頭が痛いです。

頭が痛い

① 大変だ 　② 眠い 　③ 太った 　④ わからない

アクティビティ Ⓑ

その他の単語 (그 밖의 단어)
ほか たんご

☑️ 다양한 복장 종류를 알아봅시다.

半そで 반소매   長そで 긴소매   半ズボン 반바지   スカート 치마

上着 윗도리   ジャージ 추리닝   くつ下 양말   くつ 신발

今日のファッション (오늘의 복장)
きょう

☑️ 나의 옷차림에 관해 이야기해 봅시다.

☐ 半そで・長そで
☐ シャツ・セーター
☐ ズボン   ☐ スカート
☐ ワンピース   ☐ スーツ
☐ 帽子   ☐ メガネ
☐ ネクタイ   ☐ 時計
☐ アクセサリー   ☐ かばん

> **例**
>
> 今日、私はシャツを着ています。
> 오늘 저는 셔츠를 입고 있습니다.
>
> そしてズボンを履いています。
> 그리고 바지를 입고 있습니다.
>
> メガネをかけて、時計もしています。
> 안경을 끼고, 시계도 차고 있습니다.
>
> アクセサリーはピアスをしています。
> 액세서리는 피어싱을 하고 있습니다.
>
> くつはスニーカーを履いています。
> 신발은 운동화를 신고 있습니다.

Memo

06 日本に行ったことが ありますか。

일본에 가본 적이 있어요?

❶ 過去形(普通形・丁寧形)
　　かこけい ふつうけい ていねいけい

❷ ～たことがあります

　～たことがありません

たんご

🎧 mp3

◆ 動詞 ◆
　　どうし

自転車に乗る 자전거를 타다 │ 生まれる 태어나다 │ 旅行に行く 여행을 가다 │ がんばる 힘내다, 분발하다 │
じてんしゃ の　　　　　　　　　　　　　う　　　　　　　　　　りょこう い

流行る 유행하다 │ 聞く 듣다 │ タバコを吸う 담배를 피우다 │ 登る 오르다 │
はや　　　　　　　　き　　　　　　　　　　　　す　　　　　　　　　　　　のぼ

ペットを飼う 반려동물을 기르다 │ 宝くじに当たる 복권에 당첨되다 │ スキーをする 스키를 타다 │
　　　　か　　　　　　　　　　たから　　あ

コンビニで働く 편의점에서 일하다 │ ラブレターをもらう 연애편지를 받다 │ 食べる 먹다 │ 見る 보다 │
　　　　はたら　　　　　　　　　　　　　　　　　　　　　　　　　　　　た　　　　　　　み

作る 만들다 │ 飲む 마시다 │ 話す 이야기하다
つく　　　　　の　　　　　　　　はな

◆ い形容詞 ◆
　　けいようし

高い 높다, 비싸다 │ 眠い 졸리다 │ 楽しい 즐겁다 │ うるさい 시끄럽다 │ 多い 많다 │ 甘い 달다
たか　　　　　　ねむ　　　　　たの　　　　　　　　　　　　　　　　　　　　おお　　　　　あま

◆ な形容詞 ◆
　　けいようし

暇だ 한가하다 │ 退屈だ 지루하다 │ 不便だ 불편하다 │ にぎやかだ 북적거리다 │ 親切だ 친절하다
ひま　　　　　たいくつ　　　　　　ふべん　　　　　　　　　　　　　　　　　　　しんせつ

◆ 名詞 ◆
　　めいし

雨 비 │ 会社 회사 │ キャンプ 캠핑, 야영 │ コーヒー 커피 │ 連休 연휴 │ 歴史 역사 │
あめ　　かいしゃ　　　　　　　　　　　　　　　　　　　　　　　れんきゅう　　　れきし

教科 교과, 과목 │ 習い事 배우는 일 │ 音楽 음악 │ イギリス 영국 │ 芸能人 연예인 │
きょうか　　　ならいごと　　　　　　おんがく　　　　　　　　　　　　げいのうじん

富士山 후지산 │ 二十歳 스무 살 │ ヨーロッパ 유럽
ふじさん　　　はたち

◆ 表現 ◆
　　ひょうげん

覚えていません 기억이 안 나요
おぼ

54 すくすく 日本語 会話1

mp3

読みましょう

スジ　まさきさんは、韓国に行ったことがありますか。

まさき　はい、行ったことがあります。

スジ　どこに行きましたか。

まさき　ソウルと釜山に行きました。

スジ　ソウルはどうでしたか。

まさき　人が多かったですけど、とても楽しかったです。

スジ　釜山はどうでしたか。

まさき　ご飯がおいしくて、海がきれいでした。

　　　　ところで、スジさんは日本に行ったことがありますか。

スジ　はい、行ったことがあります。

まさき　北海道に行ったことがありますか。

スジ　いいえ、一度も行ったことがありません。

まさき　日本のどこに行ったことがありますか。

スジ　東京には何度も行ったことがあります。

　　　　大阪、京都には一度だけ

　　　　行ったことがあります。

・多い 많다
・楽しい 즐겁다
・ご飯 밥, 식사
・おいしい 맛있다
・ところで 그건 그렇고
・一度も 한 번도
・何度も 몇 번이나
・一度だけ 한 번만

チェックポイント Ⓐ

1　과거형

◆ 보통체

	과거 (~이었다)	과거부정 (~이 아니었다, ~지 않았다)
명사	~だった	~じゃなかった
な형용사	だ + だった	だ + じゃなかった
い형용사	い + かった	い + くなかった
동사	~た	~なかった

◆ 정중체

	과거 (~이었습니다, ~했습니다)	과거부정 (~이 아니었습니다, ~지 않았습니다)
명사	~でした	~じゃなかったです (=じゃありませんでした)
な형용사	だ + でした	だ + じゃなかったです (=じゃありませんでした)
い형용사	い + かったです	い + くなかったです (=くありませんでした)
동사	~ました	~ませんでした

☑ 다음 대화를 과거형으로 고쳐보세요.

❶ 雨ですか。　　　　　　　　→

　いいえ、雨じゃありません。　→

❷ 暇ですか。　　　　　　　　→

　いいえ、暇じゃありません。　→

❸ 高いですか。　　　　　　　→

　いいえ、高くありません。　　→

❹ 会社に行きますか。　　　　→

　いいえ、行きません。　　　　→

1

ス ジ	まさきさん、ⓐ週末何をしましたか。
まさき	ⓑ映画を見ました。
ス ジ	ⓑ映画はどうでしたか。
まさき	ⓒ退屈で、眠かったです。

❶ ⓐ 土曜日

ⓑ キャンプをする

ⓒ 不便だ / 楽しい

❷ ⓐ 昨日

ⓑ カフェへ行く

ⓒ コーヒーはおいしい / うるさい

❸ ⓐ 連休

ⓑ ハンガンで自転車に乗る

ⓒ 人が多い / にぎやかだ

❹ ⓐ 誕生日

ⓑ ケーキを食べる

ⓒ 甘い / おいしい

アクティビティ Ⓐ

私の歴史 (나의 역사)

☑ 질문을 과거형으로 바꿔서 옆 사람에게 질문해 보고, 질문받은 사람은 과거형을 사용하여 대답해 봅시다.

例 A どこで生まれる？ ➡ どこで生まれましたか。
B ソウルで生まれる ➡ ソウルで生まれました。

❶ 子供の時、何が好き？

❷ 子供の時、何が嫌い？

❸ 子供の時、家族と旅行に行く？

❹ どんな教科が好き？

❺ どんな習い事をする？

❻ 学生の時、何を一番がんばる？

❼ 学生の時、何が流行る？

❽ 学生の時、どんな音楽を聞く？

チェックポイント B

1 과거의 경험

1 동사 た形 + ことがあります ~한 적이 있습니다

例 イギリスに行ったことがあります。 영국에 가본 적이 있습니다.

私は [　　　　　　　　　　　] たことがあります。

2 동사 た形 + ことがありません ~한 적이 없습니다

例 一度もタバコを吸ったことがありません。 한 번도 담배를 피워본 적이 없습니다.

一度も [　　　　　　　　　　　] たことがありません。

練習しましょう B

1

スジ　まさきさんは韓国に行ったことがありますか。

まさき　はい、韓国に行ったことがあります。

　　　　いいえ、一度も韓国に行ったことがありません。

韓国に行く

❶ 芸能人を見る

❷ 富士山に登る

❸ ペットを飼う

❹ 宝くじに当たる

2

まさき　日本に行ったことがありますか。

スジ　はい、一度だけ日本に行ったことがあります。

まさき　いつですか。

スジ　二十歳の時です。

まさき　どうでしたか。

スジ　日本人は親切で、とても楽しかったです。

日本に行く

二十歳の時

❶ スキーをする

❷ 外国人と話す

❸ コンビニで働く

❹ ラブレターをもらう

高校生の時

1年前

大学生の時

覚えていない

ビンゴゲーム (빙고 게임)

❶ 「〜たことがあります／〜たことがありません」을 사용해서 빙고 칸에 자신의 경험을 적어봅시다.

❷ 차례대로 이야기 나누며, 먼저 빙고를 완성한 사람이 이깁니다.

例 ヨーロッパに
行ったことがあります
유럽에 가본 적이 있어요

＿＿＿＿＿を
食べたことがあります

＿＿＿＿＿に
乗ったことがあります

＿＿＿＿＿を
見たことがありません

⭐

＿＿＿＿＿を
作ったことがあります

＿＿＿＿＿を
飲んだことがありません

＿＿＿＿＿を/と
話したことがあります

＿＿＿＿＿を
したことがありません

07 一人暮らしがしたいです。
ひとり ぐ

> 혼자 살고 싶어요.

ポイント

❶ 〜たい

❷ 〜がほしい

❸ 〜てほしい / 〜ないでほしい

❹ ぜひ〜てみたい

 たんご 🎧 mp3

◆ 動詞 ◆
どうし

疲れる 지치다, 피로해지다, 피곤하다 | 歩く 걷다 | 休む 쉬다 | 遅くまで寝る 늦게까지 자다 |
つか　　　　　　　　　　　　　　　　　　　　　　ある　　　　　　　やす　　　　　　　おそ　　　　ね

お腹が空く 배가 고프다 | 家に帰る 집에 돌아가(오)다 | 旅行に行く 여행을 가다 |
なか　　す　　　　　　　　　　　　いえ　かえ　　　　　　　　　　　　りょこう　い

家でゴロゴロする 집에서 뒹굴뒹굴하다 | ストレスが溜まる 스트레스가 쌓이다 | 歌を歌う 노래를 부르다 |
いえ　　　　　　　　　　　　　　　　　　　　　　　　　　　　た　　　　　　　　　　　　　　　うた　うた

電話をかける 전화를 걸다 | うるさくする 시끄럽게 하다 | 旅館に泊まる 료칸(일본의 전통 여관)에 묵다 |
でんわ　　　　　　　　　　　　　　　　　　　　　　　　　　　　　　りょかん　と

温泉に入る 온천에 들어가다, 온천욕을 하다 | 勉強する 공부하다 | 話を聞く 이야기를 듣다 | 遊ぶ 놀다 |
おんせん　はい　　　　　　　　　　　　　　　　　　べんきょう　　　　　　はなし　き　　　　　　　　　　あそ

早く話す 빨리 말하다 | 習う 배우다 | 一言言う 한마디 하다
はや　はな　　　　　　　なら　　　　　　　ひとこと い

◆ い形容詞 ◆
けいようし

暑い 덥다 | 涼しい 시원하다 | 新しい 새롭다
あつ　　　　すず　　　　　　　　あたら

◆ 名詞など ◆
めいし

兄弟 형제 | 涼しいところ 시원한 곳 | 休み 휴식 | 何か 뭔가 | もうすぐ 머지않아, 이제 곧 |
きょうだい　　すず　　　　　　　　　　　　やす　　　　　なに

誕生日 생일 | スーツケース 여행 가방 | ノートパソコン 노트북 컴퓨터 | スニーカー 운동화 |
たんじょうび

自転車 자전거 | サイクリング 사이클링 | 娘 딸 | 息子 아들 | ずっと 계속, 쭉 | 上司 상사 |
じてんしゃ　　　　　　　　　　　　　　　　むすめ　　　むすこ　　　　　　　　　　　　　じょうし

同僚 동료
どうりょう

🎧 mp3

読みましょう

まさき　どんなとき、韓国にいる家族に会いたいと
　　　　思いますか。

スジ　家に一人でいるとき、会いたいと思います。

　　　　でもホームシックじゃないですよ。

まさき　それなら、よかったです。

スジ　まさきさんは一人暮らしですか。

まさき　いいえ、家族と一緒に住んでいます。

　　　　私も一人暮らしをしてみたいです。

スジ　どうして一人暮らしがしたいですか。

まさき　自由な時間がほしいからです。

スジ　自由ですか。

　　　　まさきさんのご両親は厳しいですか。

まさき　母が少し厳しいです。

　　　　週末にも早く起きてほしい、

　　　　ゴロゴロしないでほしいと言われます。

スジ　お母さんは日本も韓国も同じですね。

　　　　ああ、私は母に会いたいです。

・ホームシック
　향수병(homesickness)

・それなら 그렇다면

・一人暮らし 혼자 사는 생활

・一緒に 같이, 함께

・住む 살다

・自由(だ) 자유(롭다)

・ご両親 (다른 사람의) 부모님

・厳しい 엄격하다

・言われる (~라는 말을) 듣다

・同じ 같음

チェックポイント Ⓐ

1 희망

1 **~が (を) 동사 ます形 + たい** ~을/를 ...고 싶다

➡ 「たい」 앞에는 조사 「を(을/를)」와 「が(이/가)」 어느 쪽을 사용해도 된다.

● 冷たいものを飲みたいです。/ 冷たいものが飲みたいです。 차가운 것을 마시고 싶어요.

➡ ~たいは い형용사 활용을 한다.

● 何も食べたくありません。 아무것도 먹고 싶지 않아요.

● 疲れていますから、何もしたくありません。 피곤해서 아무것도 하고 싶지 않습니다.

2 **명사がほしい** ~을/를 갖고 싶다

● 一人の時間がほしいです。 혼자만의 시간이 필요해요.

● 兄弟がほしかったです。 형제가 갖고 싶었어요(형제가 있었으면 했어요).

☑️ 다음 문장을 ~たい로 고쳐 대화문으로 만들어보세요.

> 【たくさん歩いた、少し休む】
>
> スジ　たくさん歩きましたね。
>
> まさき　そうですね。少し休みたいですね。

❶ 【暑い、涼しいところに行く】

❷ 【明日は休み、遅くまで寝る】

❸ 【お腹が空いた、何か食べる】

❹ 【疲れた、家に帰る】

1 旅行が好きだ

スジ　もうすぐ休みですね。
　　　何かしたいことはありますか。
まさき　旅行が好きですから、旅行に行きたいです。

❶ 疲れている

❷ 新しい本を買った

❸ ストレスが溜まっている

❹ 運動をしていない

❺

自由

2

スジ　誕生日プレゼントは何がほしいですか。

まさき　スーツケースがほしいです。

スジ　どうしてですか。

まさき　友達と旅行に行きたいからです。

❶

❷

❸

❹

アクティビティ Ⓐ

ほしいものランキング (갖고 싶은 것 순위)

☑️ 무엇을 갖고 싶은가요? 순서대로 쓴 후 말해 봅시다.

ランキング	ほしいもの	どうして
例	車	今の車が古いですから。
1位		
2位		
3位		

インタビュー (인터뷰)

☑️ 「〜たいですか」를 사용해서 질문해 봅시다.

質問	さん
例 カフェに行って何を飲む?	アイスカフェラテが飲みたいです。
❶ 授業が終わった後で何をする?	
❷ 休みの日、どこに行く?	
❸ 誰に電話をかける?	
❹ 自由	

チェックポイント Ⓑ

1 행위를 바라는 희망

1 동사 て形 + てほしい   ~해 주기를 바란다, ~해 줬으면 좋겠다

동사 ない形 + ないでほしい   ~하지 않았으면 좋겠다

- 母に運動をしてほしいです。 엄마가 운동을 했으면 좋겠어요.
- 夜はうるさくしないでほしいです。 밤에는 시끄럽게 하지 않았으면 좋겠습니다.

2 (ぜひ) 동사 て形 + てみたい   (꼭) ~해 보고 싶다

- ぜひ一度、旅館に泊まってみたいです。 꼭 한번, 료칸에 묵어보고 싶어요.
- 日本に行って温泉に入ってみたいです。 일본에 가서 온천욕을 해보고 싶습니다.

2 동사 ない形

1グループ	2グループ	3グループ
어미 あ단 + ない	어미 る + ない	する → しない 来る → 来ない
例 書く → 書かない 会う → 会わない	例 食べる → 食べない 寝る → 寝ない	

☺ ☰ 練習しましょう B

1 父が運動しない

スジ　父が運動しません。

まさき　そうですか。

スジ　それで、父に運動してほしいです。

❶ 娘が勉強しない

❷ 友達が話を聞かない

❸ 息子がずっと遊んでいる

❹ 先生が早く話す

2 どこに行く、誰と行く

まさき　どこに行ってみたいですか。

スジ　そうですね、ぜひハワイに行ってみたいです。

まさき　誰と行きたいですか。

スジ　友達と行きたいです。

❶ 誰に会う、会って何をする？

❷ 日本で何をする、どうして？

❸ どこに行く、そこで何をする？

❹ どんなスポーツを習う、どうして？

<ruby>一言<rt>ひとこと</rt></ruby>！(한마디!)

☑ 여러 사람에게, 내가 바라는 것을 한마디로 말해 봅시다.

<ruby>家族<rt>かぞく</rt></ruby>（<ruby>父<rt>ちち</rt></ruby>・<ruby>母<rt>はは</rt></ruby>・<ruby>兄<rt>あに</rt></ruby>・<ruby>姉<rt>あね</rt></ruby>・<ruby>弟<rt>おとうと</rt></ruby>・<ruby>妹<rt>いもうと</rt></ruby>・<ruby>夫<rt>おっと</rt></ruby>、<ruby>妻<rt>つま</rt></ruby>・<ruby>娘<rt>むすめ</rt></ruby>・<ruby>息子<rt>むすこ</rt></ruby>…）

<ruby>恋人<rt>こいびと</rt></ruby>（<ruby>彼氏<rt>かれし</rt></ruby>・<ruby>彼女<rt>かのじょ</rt></ruby>）

<ruby>会社<rt>かいしゃ</rt></ruby>の<ruby>人<rt>ひと</rt></ruby>（<ruby>上司<rt>じょうし</rt></ruby>・<ruby>同僚<rt>どうりょう</rt></ruby>・<ruby>先輩<rt>せんぱい</rt></ruby>・<ruby>後輩<rt>こうはい</rt></ruby>）

<ruby>友達<rt>ともだち</rt></ruby>

クラスメイト

<ruby>先生<rt>せんせい</rt></ruby>

A <ruby>誰<rt>だれ</rt></ruby>に<ruby>一言<rt>ひとこと</rt></ruby><ruby>言<rt>い</rt></ruby>いたいですか。

B ○○に<ruby>言<rt>い</rt></ruby>いたいです。

A <ruby>何<rt>なん</rt></ruby>でしょうか。

B ＿＿＿＿＿＿＿てほしいです。

＿＿＿＿＿＿＿ないでほしいです。

健康のために
何かしていますか。

> 건강을 위해서 뭔가 하고 있나요?

ポイント

❶ ない形

❸ ～ことにする / ～ことになる

❷ ～ないで / ～なくて

❹ ～ために

たんご

🎧 mp3

◆ 動詞 ◆

宿題をする 숙제를 하다 | 歯を磨く 이를 닦다 | 本を読む 책을 읽다 | 薬を飲む 약을 먹다 |

朝ご飯を食べる 아침(밥)을 먹다 | 運動する 운동하다 | 日本語を勉強する 일본어를 공부하다 |

コーヒーを飲む 커피를 마시다 | 持って行く 가지고 가다 | ミルクを入れる 커피 크리머를 넣다 |

出張に行く 출장을 가다 | 事故が起こる 사고가 일어나다 | バスが遅れる 버스가 늦다(늦게 오다) |

家でゴロゴロする 집에서 뒹굴뒹굴하다 | 友達に会う 친구를 만나다 | 温泉に入る 온천에 들어가다, 온천욕을 하다 |

スキーをする 스키를 타다 | ペットを飼う 반려동물을 기르다 | ごみを捨てる 쓰레기를 버리다 |

大きな音を出す 큰 소리를 내다 | 車を止める 차를 세우다, 주차하다 | 漢字を覚える 한자를 외우다

◆ い形容詞 ◆

難しい 어렵다 | 暑い 덥다 | 涼しい 시원하다

◆ な形容詞 ◆

簡単だ 간단하다

◆ 名詞 ◆

天気予報 일기 예보 | 街 거리 | 来週 다음 주 | 東京 도쿄 | 将来 장래, 나중에 | 貯金 저금 |

会議 회의 | 結果 결과 | 駐車場 주차장 | 自分 자기, 자신 | 健康 건강 | ダイエット 다이어트

◆ 表現 ◆

気を付けます 조심하겠습니다

読みましょう

まさき　スジさん最近元気になりましたね。

　　　　健康のために何かしていますか。

ス ジ　最近、体重が減らなくて悩んでいました。

　　　　それで、お菓子を食べないで運動することに

　　　　したんです。

　　　　まさきさんは健康のために何かしていますか。

まさき　ストレスが健康に一番悪いと聞きましたから、

　　　　ストレスを解消するためにお酒を飲んでいます。

ス ジ　お酒はどのぐらい飲みますか。

まさき　う～ん、毎日缶ビールを２本ぐらい飲んでいます。

ス ジ　え！毎日ですか。それは多いですね。

　　　　私の父がお酒を飲みすぎて、入院することになったんです。

まさき　そうですか。ストレス解消のために飲んでいましたが…。

　　　　急に心配になりました。

　　　　今日からお酒は

　　　　少しだけ飲むことにします。

- 最近 최근
- 元気だ 건강하다
- 健康 건강
- お菓子 과자
- 体重が減る 체중이 줄다
- 悩む 고민하다
- ストレス解消 스트레스 해소
- 缶ビール 캔 맥주
- ～くらい/ぐらい ~정도
- ～すぎる 너무 ~하다
- 入院する 입원하다
- 急だ 급하다, 갑작스럽다
- 心配 걱정, 염려

チェックポイント Ⓐ

1 동사 ない形 복습

1グループ	2グループ	3グループ
어미 → あ단 + ない	~る + ない	する → しない 来る → 来ない
例 読む → 読まない 書く → 書かない	例 見る → 見ない 食べる → 食べない	

예외 ～う로 끝나는 동사는 ～わ로 바뀜

例 会う → 会わない　　吸う → 吸わない　　笑う → 笑わない

2 ～ないで／～なくて

◆ 동사

1　**ないで** ~하지 않고, ~하지 말고 ➡ 연결
  • 宿題をしないで学校へ行きました。　숙제를 하지 않고 학교에 갔어요.

2　**なくて** ~하지 않아서 ➡ 이유
  • 勉強しなくてテストの結果が悪かったです。　공부하지 않아서 시험 결과가 나빴습니다.

◆ **명사·형용사** ~하지 않고, ~하지 않아서

명사와 형용사는 「～なくて」만 쓰인다.
  • この問題は難しくなくて簡単です。　이 문제는 어렵지 않고 간단해요.
  • 今日は暑くなくて涼しいです。　오늘은 덥지 않고 시원해요.
  • 私は日本人じゃなくて韓国人です。　저는 일본인이 아니라 한국인입니다.

練習しましょう Ⓐ

1　スジ　まさきさんはシャワーを浴びて寝ますか。

まさき　はい、シャワーを浴びて寝ます。

いいえ、シャワーを浴びないで寝ます。

❶ まさきさんは [　　　　　　　　　　　　　　　　　] て寝ますか。

❷ スジさんは [　　　　　　　　　　　　　　　] て会社に行きますか。

2　あなたはどうですか。

質問	さん	メモ
❶ 単語を覚えて寝ますか。		どうやって覚える？
❷ 旅行に行くとき、何を持って行きますか。		○○は持って行かない？
❸ 天気予報を見て出かけますか。		どうして見ない？
❹ コーヒーにミルクを入れて飲みますか。		どうして入れない？

08 健康のために何かしていますか。　73

アクティビティ Ⓐ

☑ 「～ないでください」「～てください」を使用して主意を差し上げます.

＜電車の中で＞

A 「～ないでください。」
B 「すみません。気を付けます。」

＜街の中で＞

たんご　騒ぐ 떠들다 ｜ 大きな音で音楽を聞く 큰 소리로 음악을 듣다 ｜ 寝る 자다 ｜
かばんを後ろに持つ 가방을 뒤로 들다(메다) ｜ 足を広げて座る 다리를 벌려 앉다 ｜
ボールで遊ぶ 공을 가지고 놀다 ｜ ごみを捨てる 쓰레기를 버리다 ｜
ケータイを見ながら歩く 휴대 전화를 보면서 걷다 ｜
歩きながらタバコを吸う 걸어가면서 담배를 피우다

1 자신의 결정(결심)

. . . .

동사 **基本形^{き ほんけい}・ない形^{けい}＋ことにする**　～하기로 하다

- これから毎日運動^{まいにちうんどう}することにします。　앞으로 매일 운동하기로 합니다.
- 夜6時以降^{よる じ いこう}は食^たべないことにします。　저녁 6시 이후는 먹지 않을 겁니다.

2 타인에 의한 결정

. . . .

동사 **基本形^{き ほんけい}・ない形^{けい}＋ことになる**　～하게 되다

- 来週東京^{らいしゅうとうきょう}へ出張^{しゅっちょう}に行^いくことになりました。　다음 주 도쿄에 출장을 가게 되었습니다.
- 明日^{あした}の会議^{かい ぎ}はしないことになりました。　내일 회의는 하지 않게 되었습니다.

3 목적

. . . .

동사 **基本形^{き ほんけい}＋ために**　～하기 위해서

명사 **＋のために**　～를 위해서

- 日本旅行^{に ほんりょこう}に行^いくために日本語^{に ほん ご}を勉強^{べんきょう}しています。　일본 여행을 가기 위해서 일본어를 공부하고 있어요.
- 将来^{しょうらい}のために貯金^{ちょきん}しています。　장래를 위해 저금하고 있습니다.

練習しましょう B

1

スジ　クリスマスの予定は決まりましたか。

まさき　家族とチキンとケーキを食べることに
しました。

クリスマス

❶
週末

❷
来週

❸
連休

❹
冬休み

2

まさき　会議の結果はどうなりましたか。

スジ　＿＿＿＿＿＿＿ことになりました。

❶
ペットを飼いません

❷
朝ごみを捨てます

❸
大きな音を出しません

❹
駐車場で車は自分のところに止めます

アクティビティ **B**

私の決心 (나의 결심)

☑ 결심한 것을 이야기해 봅시다.

❶ 漢字を覚えるために _____ 。

❷ 日本語の勉強のために _____ 。

❸ _____ ために日本語を勉強しています。

❹ 健康のために _____ 。

❺ 将来のために _____ 。

❻ ダイエットのために _____ 。

A _____さんは、_____ために
何をしようと思っていますか。

B 私は_____することにしました。

A どうしてですか。

B _____からです。

09 聞き取れる日本語が多くなりました。

> 알아들을 수 있는 일본어가 많아졌어요.

ポイント

❶ ～く / ～に
❷ ～くなる / ～になる
❸ ～と
❹ もう～ました
❺ まだ～ていません
❻ ～ているところだ

たんご　🎧 mp3

◆ 動詞 ◆

運動をする 운동을 하다 | 飛行機に乗る 비행기를 타다 | 誕生日が来る 생일이 오다 |
お酒を飲む 술을 마시다 | 晩ご飯を食べる 저녁(밥)을 먹다 | 宿題をする 숙제를 하다 |
先生に会う 선생님을 만나다 | 病院に行く 병원에 가다 | プレゼントを買う 선물을 사다 |
電話をかける 전화를 걸다 | 掃除をする 청소를 하다 | レポートを書く 리포트를 쓰다 |
家に帰る 집에 돌아가(오)다 | 名前を覚える 이름을 외우다 | 予定を決める 일정/계획을 정하다

◆ い形容詞 ◆

背が高い 키가 크다 | 忙しい 바쁘다 | お客さんが少ない 손님이 적다 | 多い 많다 |
仲がいい 사이가 좋다 | 寒い 춥다 | 耳が痛い 귀가 아프다 |
顔が赤い 얼굴이 빨갛다 | うるさい 시끄럽다 | 髪が短い 머리카락이 짧다

◆ な形容詞 ◆

暇だ 한가하다 | 静かだ 조용하다

◆ 名詞など ◆

弟さん (다른 사람의) 남동생 | 学生 학생 | 社会人 사회인 | 店 가게 | 冬 겨울 | 健康 건강 |
耳 귀 | 二十歳 스무 살 | 子供 아이, 어린이 | また 또, 다시 | 後で 나중에 |
クラスメイト 동급생(classmate) | ニュース 뉴스 | ～という ~라는(~라고 하는) | ～級 ~급

読みましょう

まさき　スジさん、前より日本語が上手になりましたね。

スジ　本当ですか。うれしいです。

前より、聞き取れる日本語が多くなったと思います。

まさき　どんな努力をしましたか。

スジ　よく日本語の動画を見ています。そして、

家に一人でいるときも日本語で話しています。

まさき　すごいですね。

やっぱり、努力を続けると上手になりますね。

スジ　そういえば、まさきさんの韓国語はどうですか。

もうハングルを覚えましたか。

まさき　まだ覚えていません。

スジ　まだですか。

まさき　うそですよ。もう覚えましたよ。

スジ　まさきさん、外国語は練習をすると上手になりますよ。

まさき　私もそう思います。

スジ　자, 우리 한국어로 이야기를 해 볼까요?

(逃げながら)

まさき　すみません、今、

書類を作っているところです。

・本当 정말

・うれしい 기쁘다

・聞き取れる
　알아들을 수 있다

・努力 노력

・続ける 계속하다

・動画 동영상

・そういえば 그러고 보니

・うそ 거짓말

・外国語 외국어

・練習する 연습하다

・逃げる 도망가다

・書類を作る 서류를 만들다

チェックポイント Ⓐ

1 형용사의 부사화

い형용사　～⟨い⟩　＋　く

な형용사　～⟨だ⟩　＋　に　　～이／히, ～하게

- 長く話してください。　길게 얘기해 주세요.
- 真面目に勉強しましょう。　성실하게 공부합시다

2 변화

い형용사　～⟨い⟩　＋　くなる

な형용사　～⟨だ⟩　＋　になる　　～아/어 지다

명사　～になる　～가 되다

- 背が高くなりました。　키가 커졌어요.
- 部屋がきれいになりました。　방이 깨끗해졌습니다.
- 先生になりました。　선생님이 되었습니다.

3 가정 (～と)

동사 基本形　＋　と　　～하면 반드시

- 本を読むと眠くなります。　책을 읽으면 졸립니다(잠이 와요).
- 夏が来ると暑くなります。　여름이 오면 더워집니다.

練習しましょう Ⓐ

1 仕事（しごと）

まさき　仕事（しごと）はどうなりましたか。

スジ　前（まえ）は暇（ひま）でしたけど、今（いま）は忙（いそが）しくなりました。

❶ 弟（おとうと）さん

❷ 日本語（にほんご）

❸ 店（みせ）

❹ 二人（ふたり）

2

まさき　冬（ふゆ）になると、どうなりますか。

スジ　寒（さむ）くなります。

冬（ふゆ）になります

❶ 運動（うんどう）します

❷ 飛行機（ひこうき）に乗（の）ります

❸ 誕生日（たんじょうび）が来（き）ます

❹ お酒（さけ）を飲（の）みます

子供の時と今
<small>こ ども とき いま</small>

✅ 어릴 때와 비교해서 어떻게 변했는지 이야기해 봅시다.

子供の時
<small>こ ども とき</small>

今
<small>いま</small>

例 子供の時は… 어릴 때는…
<small>こ ども とき</small>

少しうるさかったですけど、今は少し静かになりました。
<small>すこ　　　　　　　　　　　　　　　いま　すこ　しず</small>

조금 시끄러웠지만, 지금은 좀 조용해졌습니다.

ゲームが好きでしたけど、今は運動が好きになりました。
<small>す　　　　　　　　　　　　いま　うんどう　す</small>

게임을 좋아했는데, 지금은 운동을 좋아하게 되었습니다.

友達が少なかったですけど、今は多くなりました。　친구가 적었지만, 지금은 많아졌습니다.
<small>ともだち　すく　　　　　　　　　　　いま　おお</small>

髪が短かったですけど、今は長くなりました。　머리칼이 짧았는데, 지금은 길어졌습니다.
<small>かみ　みじか　　　　　　　　　　　いま　なが</small>

✅ あなたはどうなりましたか。

子供の時は、　　　　　　　　　　　　　　かったです・でした。
<small>こ ども とき</small>

今は　　　　　　　　　　　　　（く・に)なりました。
<small>いま</small>

1 완료

もう + 동사 ます形 + ました　벌써 ~했습니다

- もう明日の準備はしましたか。　내일의 준비는 벌써 했습니까?
- もうご飯は食べましたか。　밥은 이미 먹었나요?

2 미완료

まだ + 동사 て形 + ていません　아직 ~하지 않았습니다

- まだ準備をしていません。　아직 준비를 하지 않았습니다.
- まだご飯を食べていません。　아직 밥을 먹지 않았어요.

3 진행 중

지금 막 동작이 진행되고 있음을 나타내는 말
동사 て形 + ているところだ　지금 막 ~하고 있는 참이다

- 今、準備をしているところです。　지금 막 준비를 하고 있는 참입니다.
- 今、ご飯を食べているところです。　지금 막 밥을 먹고 있어요.

🙂 💬 練習しましょう Ⓑ

1

スジ　もう晩ご飯を食べましたか。

まさき　はい、もう食べました。

　　　　いいえ、まだ食べていません。

① 　②

③ 　④

2

まさき　もしもし、今何をしていますか。

スジ　ちょうど今、料理を作っているところです。

まさき　そうですか。じゃあ、また後で電話をかけますね。

① 　②

③ 　④

たんご　もしもし… 여보세요…　|　ちょうど今 지금 막

完了・未完了
<small>かんりょう・み かんりょう</small>

✓ 「もう/まだ」를 사용하여 완료 여부를 묻고 답해 봅시다.

質問<small>しつもん</small>	さん	メモ
❶ もうクラスメイトの名前を覚えましたか。<small>な まえ おぼ</small>		名前を話してください。<small>な まえ はな</small>
❷ もうカタカナを書くことができますか。<small>か</small>		何日で覚えましたか。<small>なんにち おぼ</small>
❸ もう〇〇の予定を決めましたか。<small>よ てい き</small>		何をしますか。<small>なに</small>
❹ もう今日のニュースを見ましたか。<small>きょう み</small>		どんなニュースがありましたか。
❺ もう〇〇という映画を見ましたか。<small>えい が み</small>		どうでしたか。
❻ もうJLPTを受けましたか。<small>う</small>		何級でしたか。また受けるつもりですか。<small>なんきゅう う</small>
❼ もう〇〇のプレゼントを買いましたか。<small>か</small>		何を買いましたか。<small>なに か</small>

A もう _____ ましたか。

B はい、もう _____ ました。

いいえ、まだ _____ ていません。

10 旅館までどうやって 行きますか。

い

료칸까지 어떻게 가나요?

ポイント

❶ 交通手段の関連表現
こうつうしゅだん かんれんひょうげん

❷ 交通手段の関連単語
こうつうしゅだん かんれんたん ご

❸ 道案内の表現
みちあんない ひょうげん

たんご

🎧 mp3

◆ **動詞** ◆
どう し

歩く 걷다 | かかる 걸리다 | 曲がる 돌다, 꺾다 | 渡る 건너다
ある ま わた

◆ **名詞** ◆
めい し

乗り物 탈것 | 突き当たり 막다른 곳 | 横断歩道 횡단보도 | 角 모퉁이 | スーパー 슈퍼(마켓) |
の もの つ あ おうだん ほ どう かど

美容院 미용실 | 動物園 동물원 | 郵便局 우체국 | デパート 백화점 | 図書館 도서관 |
びょういん どうぶつえん ゆうびんきょく と しょかん

パン屋 빵집 | 映画館 영화관 | 薬局 약국 | カフェ 카페 | 公園 공원 | 銀行 은행 | 病院 병원 |
や えい が かん やっきょく こうえん ぎんこう びょういん

大使館 대사관 | レストラン 레스토랑 | コンビニ 편의점 | 駐車場 주차장 | 博物館 박물관
たい し かん ちゅうしゃじょう はくぶつかん

（大阪駅_{おおさかえき}で旅館_{りょかん}に電話_{でんわ}する）

旅館_{りょかん}の人_{ひと}　はい、京都旅館_{きょうとりょかん}です。

ス　ジ　あの、すみません。今_{いま}、大阪駅_{おおさかえき}にいますが

旅館_{りょかん}までどうやって行_いきますか。

旅館_{りょかん}の人_{ひと}　大阪駅_{おおさかえき}からJR京都行_{きょうとゆ}きの特急電車_{とっきゅうでんしゃ}に乗_のって

京都駅_{きょうとえき}まで行_いきます。京都駅_{きょうとえき}で8番_{ばん}バスに

乗_のり換_かえて三_{みっ}つ目_めのバス停_{てい}で降_おりてください。

バスを降_おりると向_むかいに旅館_{りょかん}があります。

ス　ジ　はい、わかりました。どのぐらいかかりますか。

旅館_{りょかん}の人_{ひと}　50分_{ぷん}ぐらいかかります。

ス　ジ　ありがとうございます。

（バスを降_おりてから旅館_{りょかん}に電話_{でんわ}する）

旅館_{りょかん}の人_{ひと}　はい、京都旅館_{きょうとりょかん}です。

ス　ジ　あの、さっき電話_{でんわ}した者_{もの}ですが、京都駅_{きょうとえき}で8番_{ばん}バスに乗_のって

三_{みっ}つ目_めのバス停_{てい}で降_おりました。ここからどうやって旅館_{りょかん}まで行_いきますか。

旅館_{りょかん}の人_{ひと}　今_{いま}、横断歩道_{おうだんほどう}が見_みえますか。その横断歩道_{おうだんほどう}を渡_{わた}って

少_{すこ}し右_{みぎ}に行_いくと左_{ひだり}に旅館_{りょかん}が見_みえますよ。

ス　ジ　横断歩道_{おうだんほどう}を渡_{わた}って少_{すこ}し右_{みぎ}に行_いくと左_{ひだり}ですね。

わかりました。ありがとうございます。

・旅館_{りょかん} 료칸(일본의 전통 여관)

・電話_{でんわ}する 전화하다

・〜行_ゆき ~행

・特急電車_{とっきゅうでんしゃ} 특급 열차

・〜番_{ばん} ~번

・〜つ目_め ~번째

・向_むかい 맞은편

・さっき 아까, 조금 전

・者_{もの} 사람

・ここから 여기에서

・横断歩道_{おうだんほどう} 횡단보도

・見_みえる 보이다

・渡_{わた}る 건너다

チェックポイント Ⓐ

1 교통수단 관련 표현

～から～までどうやって行きますか	~부터 ~까지 어떻게 갑니까
(場所)で (乗り物)に 乗る	~에서 ~를 타다
(場所)で (乗り物)に 乗り換える	~에서 ~로 갈아타다
(場所)で (乗り物)を/から 降りる	~에서 ~를 내리다

2 교통수단 관련 단어

電車 전철 / **地下鉄** 지하철 / **バス** 버스 / **新幹線** 신칸센

タクシー 택시 / **車** 자동차 / **自転車** 자전거 / **バイク** 오토바이

地下鉄～号線 지하철 ~호선

～方面の地下鉄～号線 ~방면 지하철 ~호선

～行きの地下鉄～号線 ~행 지하철 ~호선

乗車券 승차권	**出口** 출구
切符 표	**入口** 입구
切符売り場 표 파는 곳, 매표소	**始発** 첫차
改札口 개찰구	**終電** 막차
ホーム 플랫폼	

1

地下鉄2号線　地下鉄4号線

ここ　江南駅（カンナムえき）　舎堂駅（サダンえき）　二村駅（イチョンえき）　博物館（はくぶつかん）30分（ぶん）

A　ここから博物館まで、どうやって行きますか。

B　ここから歩いて江南駅まで行って地下鉄2号線に乗って舎堂駅で地下鉄4号線に乗り換えて二村駅まで行きます。

A　どのぐらいかかりますか。

B　30分ぐらいかかります。

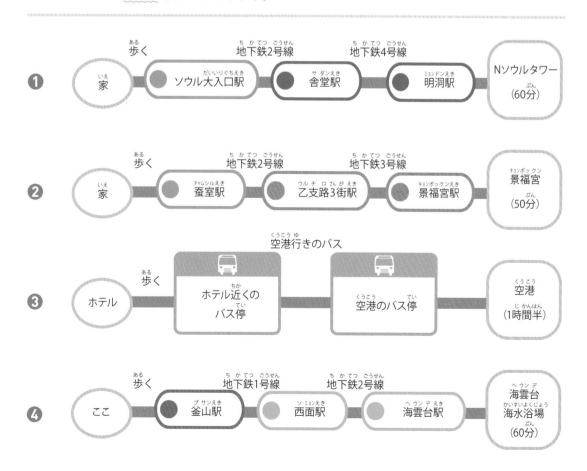

❶　歩く　地下鉄2号線　地下鉄4号線
家　ソウル大入口駅（だいいりぐちえき）　舎堂駅（サダンえき）　明洞駅（ミョンドンえき）　Nソウルタワー（60分）

❷　歩く　地下鉄2号線　地下鉄3号線
家　蚕室駅（チャムシルえき）　乙支路3街駅（ウルチロさんがえき）　景福宮駅（キョンボックンえき）　景福宮（キョンボックン）（50分）

❸　空港行きのバス（くうこうゆ）
歩く
ホテル　ホテル近くの（ちか）バス停（てい）　空港のバス停（くうこう）（てい）　空港（くうこう）（1時間半）（じかんはん）

❹　歩く　地下鉄1号線　地下鉄2号線
ここ　釜山駅（プサンえき）　西面駅（ソミョンえき）　海雲台駅（ヘウンデえき）　海雲台（ヘウンデ）海水浴場（かいすいよくじょう）（60分）（ぶん）

アクティビティ Ⓐ

行き方を説明しよう！
いかたせつめい

☑️ 출발지와 목적지를 설정하고, 가는 방법을 설명해 봅시다.

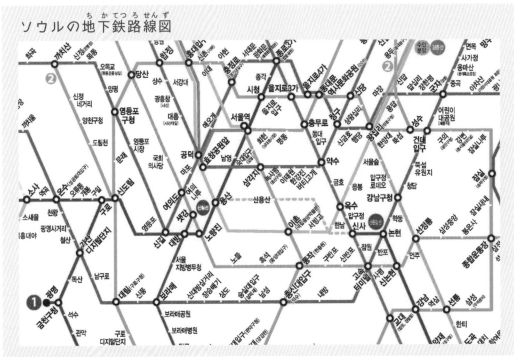

ソウルの地下鉄路線図
ちかてつろせんず

釜山の地下鉄路線図
ブサン　ちかてつろせんず

A すみません。 [　　　　　　　] から [　　　　　　　] までどうやって行きますか。
い

B [　　　　　　　　　　　　　] まで行きます。
い

チェックポイント Ⓑ

1 길 안내 표현

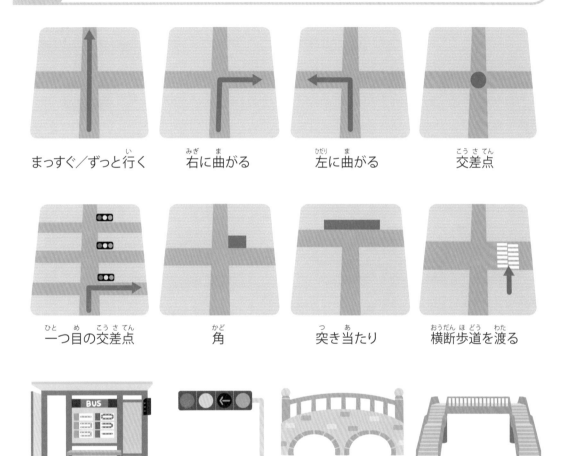

まっすぐ／ずっと行く　　右に曲がる　　左に曲がる　　交差点

一つ目の交差点　　角　　突き当たり　　横断歩道を渡る

バス停　　信号　　橋　　歩道橋

- この道をまっすぐ行きます。　이 길을 곧장 갑니다.
- 一つ目の交差点を右に曲がります。　첫 번째 교차로를 오른쪽으로 돕니다.
- 横断歩道を渡ると左の角にあります。　횡단보도를 건너면 왼쪽 모퉁이에 있습니다.
- 向かいに病院が見えます。　맞은편에 병원이 보일 겁니다.

練習しましょう B

1

スジ　ここからバス停までどうやって行きますか。

まさき　ここからまっすぐ行って一つ目の交差点を
　　　　右に曲がると左にあります。

スジ　ありがとうございます。

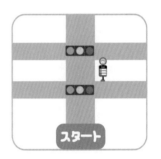

❶
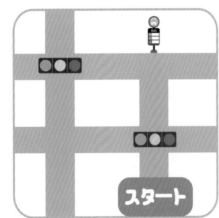

❷
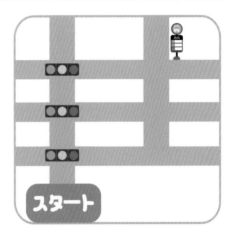

❸
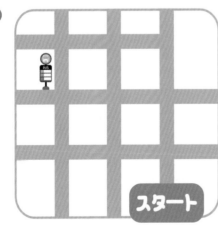

❹

道案内
みちあんない

☑ 그림을 보며 길 안내를 해 봅시다.

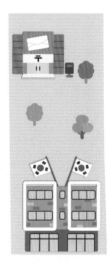

A あの、すみません。　　　　　　　　　　までどうやって行きますか。
い

B ここから　　　　　　　　　　　　　　　　　　にあります。

A わかりました。ありがとうございます。

11 父がくれた時計です。

> 아빠가 준 시계예요.

ポイント

❶ あげる   ❹ 〜てあげる

❷ くれる   ❺ 〜てくれる

❸ もらう   ❻ 〜てもらう

たんご   🎧 mp3

◆ **動詞** ◆

おしゃべりをする 수다를 떨다 ｜ 料理を作る 요리를 만들다 ｜ かばんを買う 가방을 사다 ｜

本を貸す 책을 빌려주다 ｜ 運ぶ 옮기다 ｜ お菓子を買う 과자를 사다 ｜

友達を紹介する 친구를 소개하다 ｜ 仕事を教える 일을 가르치다 ｜ ピアノを弾く 피아노를 치다 ｜

おもしろい話をする 재미있는 이야기를 하다 ｜ 東京を案内する 도쿄를 안내하다 ｜

試験に落ちる 시험에 떨어지다 ｜ 言う 말하다

◆ **い形容詞** ◆

忙しい 바쁘다 ｜ うれしい 기쁘다 ｜ 具合が悪い 상태/형편이 좋지 않다

◆ **な形容詞** ◆

勉強が嫌いだ 공부를 싫어하다

◆ **名詞** ◆

プレゼント 선물 ｜ ケーキ 케이크 ｜ チョコレート 초콜릿 ｜ みかん 귤 ｜ あめ 사탕 ｜

ジュース 주스 ｜ 花束 꽃다발 ｜ クッキー 쿠키 ｜ 趣味 취미 ｜ 釣り 낚시 ｜ お酒 술 ｜

健康 건강 ｜ 心配 걱정 ｜ ヨガ 요가 ｜ お肉 고기 ｜ スイーツ 단것, 디저트류 ｜

ハンバーガー 햄버거 ｜ 誕生日 생일 ｜ 去年 작년

読みましょう

🎧 mp3

スジ　まさきさんがしているその時計、

　　　とてもすてきですね。

まさき　これですか。

　　　この時計は誕生日に父がくれたんです。

スジ　とても似合っていますよ。

　　　お父さんはプレゼントを選ぶセンスがいいですね。

　　　ところで、まさきさんの誕生日はいつですか。

まさき　私の誕生日は9月4日です。

スジ　もうすぐですね。何かほしいものがありますか。

　　　高価なものは無理ですが…。

まさき　う〜ん、特にないです。

　　　プレゼントなら何をもらってもうれしいです。

スジ　本当ですか。

　　　じゃあ、私が百科事典をあげてもうれしいですか。

まさき　あ、それはちょっと。困ります。

スジ　じゃあ、ほしいプレゼントを

　　　考えておいてください。

- すてきだ 멋지다
- 〜んです ~입니다, ~한 겁니다 (설명/강조)
- 似合う 어울리다
- 選ぶ 고르다
- センス 센스
- もうすぐ 이제 곧, 머지않아
- 高価だ 값비싸다
- 無理 무리
- 特に 특별히
- 〜なら ~라면
- 本当 정말
- 百科事典 백과사전
- 困る 곤란하다
- 考える 생각하다
- 〜ておく ~해 두다

1 あげる

남 또는 내가 남에게 주다

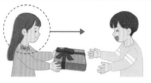

わたし
キムさん → パクさん

- わたしはパクさんにプレゼントをあげました。　나는 박 씨에게 선물을 주었습니다.
- キムさんもパクさんにプレゼントをあげました。　김 씨도 박 씨에게 선물을 주었습니다.

2 くれる

남이 나 또는 내 쪽의 사람에게 주다

わたし
私（わたし）の妹（いもうと） ← パクさん

- パクさんはわたしにプレゼントをくれました。　박 씨는 나에게 선물을 주었습니다.
- パクさんは私（わたし）の妹（いもうと）にもプレゼントをくれました。　박 씨는 나의 여동생에게도 선물을 주었습니다.

3 もらう

받다

わたし
スジ ← パクさん

- わたしはパクさんにプレゼントをもらいました。　나는 박 씨에게 선물을 받았습니다.
- スジさんもパクさんからプレゼントをもらいました。　수지 씨도 박 씨에게 선물을 받았습니다.

1

例 A くみさんはあなたに何をくれましたか。

B くみさんは私にケーキをくれました。

A あなたはくみさんに何をもらいましたか。

B 私はくみさんにケーキをもらいました。

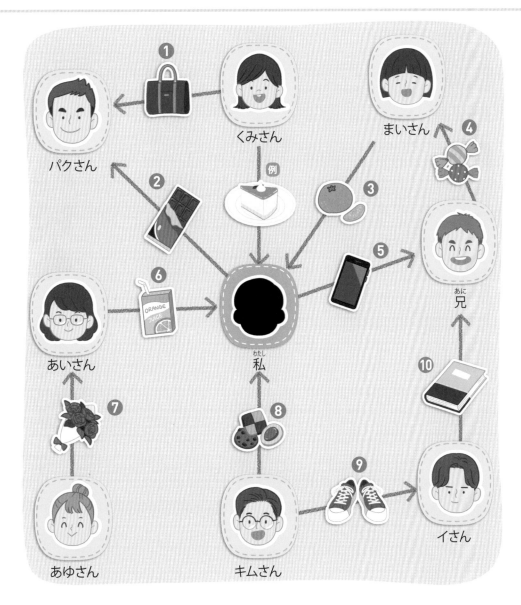

アクティビティ Ⓐ

好きなもの

☑️ 누구에게 어떤 선물을 줄 것인지를 이야기해 봅시다.

木村さん(会社員)

趣味：釣りに行くこと

好きな飲み物：お酒

「最近、健康が心配です」

趣味：ヨガ

好きな食べ物：お肉

「ダイエットがしたいです」

ソンさん(会社員)

趣味：友達とおしゃべりすること

好きな食べ物：スイーツ

「毎日、忙しいです」

ゆみさん(高校生)

趣味：ゲームすること

好きな食べ物：ハンバーガー

「勉強が嫌いです」

ゆうくん(小学生)

A もうすぐ ＿＿＿＿ さんの誕生日なんですが、プレゼントは何がいいと思いますか。

B そうですね。＿＿＿＿＿＿＿＿＿＿ から、＿＿＿＿ はどうですか。

A それはいいですね。

1 ～てあげる

동사 て形 + てあげる　　남 또는 내가 남에게 ~해주다

- 私はパクさんに日本語を教えてあげました。
  나는 박 씨에게 일본어를 가르쳐 주었습니다.

- キムさんはパクさんに料理を作ってあげました。
  김 씨는 박 씨에게 요리를 만들어 주었습니다.

2 ～てくれる

동사 て形 + てくれる　　남이 나 또는 내 쪽의 사람에게 ~해주다

- 父は私にかばんを買ってくれました。
  아빠는 나에게 가방을 사 주었습니다.

- パクさんは私の妹に本を貸してくれました。
  박 씨는 내 여동생에게 책을 빌려주었습니다.

3 ～てもらう

동사 て形 + てもらう　　~함을 받다 (= ~해 주다)

- 私は母に料理を教えてもらいました。
  나는 엄마에게 요리를 가르침 받았습니다. (= 엄마는 나에게 요리를 가르쳐 주었습니다.)

- スジさんはパクさんから本を貸してもらいました。
  수지 씨는 박 씨로부터 책을 빌려 받았습니다. (= 박 씨는 수지 씨에게 책을 빌려주었습니다.)

1

例 A 弟さんはあなたに何をしてくれましたか。

B 弟は私に本を運んでくれました。

A あなたは弟さんに何をしてもらいましたか。

B 私は弟に本を運んでもらいました。

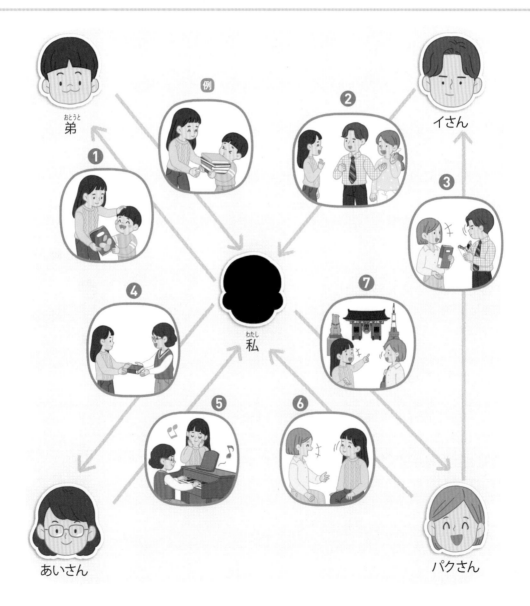

インタビュー

☑️ 「あげる/もらう」 표현을 사용하여 옆 사람에게 질문해 봅시다.

質問（しつもん）	さん	メモ
❶ 誕生日（たんじょうび）はいつですか。 去年（きょねん）の誕生日（たんじょうび）に何（なに）をもらいましたか。		
❷ 誕生日（たんじょうび）にどんなことをしてもらいたいですか。どうしてですか。		
❸ もらったプレゼントの中（なか）で、何（なに）が一番（いちばん）うれしかったですか。どうしてですか。		
❹ 具合（ぐあい）が悪（わる）いとき、誰（だれ）に何（なに）をしてもらいたいですか。		
❺ 友達（ともだち）が試験（しけん）に落（お）ちました。 何（なん）と言（い）ってあげたいですか。		「　　　　　　　」 と言（い）ってあげたいです。
❻ 友達（ともだち）の誕生日（たんじょうび）に何（なに）をしてあげたいですか。どうしてですか。		

12 日本の結婚式で気を付けなければ ならないことはありますか。

일본의 결혼식에서 주의해야 할 것이 있나요?

❶ 〜てもいい

❸ 〜なければならない

❷ 〜てはいけない

❹ 〜なくてもいい

たんご 🎧 mp3

◆ **動詞** ◆

写真を撮る 사진을 찍다 ｜ 住む 살다 ｜ 走る 달리다 ｜ 大きい声で話す 큰 (목)소리로 이야기하다 ｜

ゲームをする 게임을 하다 ｜ ご飯を食べる 밥을 먹다 ｜ 英語で話す 영어로 이야기하다 ｜

ケータイを見る 휴대전화를 보다 ｜ 歌う 노래 부르다 ｜ 遅刻する 지각하다 ｜ しゃべる 수다 떨다 ｜

電話をかける 전화를 걸다 ｜ 早く起きる 일찍 일어나다 ｜ 仕事をする 일을 하다 ｜

ごみを捨てる 쓰레기를 버리다 ｜ 料理を作る 요리를 만들다 ｜ 買い物する 쇼핑하다 ｜

早く寝る 일찍 자다 ｜ 病院に行く 병원에 가다 ｜ 髪を洗う 머리를 감다 ｜

週末出かける 주말에 외출하다 ｜ 持って行く 가지고 가다 ｜ 覚える 외우다, 기억하다 ｜

両替する 환전하다 ｜ 借りる 빌리다 ｜ ビザを取る 비자를 받다

◆ **い形容詞** ◆

狭い 좁다 ｜ 広い 넓다 ｜ 安い 싸다 ｜ 新しい 새롭다

◆ **名詞** ◆

質 質 ｜ 場所 장소 ｜ 未成年 미성년 ｜ プール 수영장 ｜ クラスメイト 동급생(classmate) ｜

美術館 미술관 ｜ 現金 현금 ｜ 結婚相手 결혼 상대 ｜ お金持ち 부자 ｜ 最初 최초, 처음 ｜

国内旅行 국내 여행 ｜ 海外旅行 해외여행 ｜ パスポート 여권 ｜ 会話 회화 ｜ ガイドブック 가이드북 ｜

レンタカー 렌터카

🎧 mp3

読みましょう

スジ　まさきさん、来月日本人の友達の結婚式に
　　　行くことになりました。

まさき　そうなんですか。日本の結婚式は初めてですか。

スジ　はい。日本の結婚式で気を付けなければならない
　　　ことはありますか。

まさき　そうですね。結婚式の後の披露宴では
　　　席が決まっていますから指定の席に
　　　座らなければなりませんよ。

スジ　そうなんですか。韓国では自由に
　　　座ってもいいです。他にもありますか。

まさき　日本の結婚式では途中で帰ってはいけません。

スジ　式が終わるまでいなければならないんですね。
　　　韓国の結婚式は最後までいなくてもいいです。
　　　文化が違っておもしろいですね。

・結婚式 결혼식
・気を付ける
　조심하다, 주의하다
・後 뒤, 이후
・披露宴 피로연
・席が決まっている
　자리가 정해져 있다
・指定の席 지정석
・座る 앉다
・自由だ 자유롭다
・他にもありますか
　또 있나요?
・途中 도중
・終わる 끝나다
・最後 마지막
・文化が違う 문화가 다르다

チェックポイント Ⓐ

1 허가, 허락

동사 て形
い형용사 ~いく
な형용사 ~だ
명사

+ てもいい

+ でもいい

~해도 좋다

- ここで写真を撮ってもいいです。 여기서 사진을 찍어도 됩니다.
- 部屋は狭くてもいいです。 방은 좁아도 좋습니다.
- 料理が下手でもいいです。 요리를 못해도 괜찮아요.
- 来週でもいいです。 다음 주라도 좋아요.

2 금지

동사 て形
い형용사 ~いく
な형용사 ~だ
명사

+ てはいけない

+ ではいけない

~해서는 안 됩니다

- 運転する前にお酒を飲んではいけません。 운전하기 전에 술을 마시면 안 됩니다.
- 質が悪くてはいけません。 질이 나빠서는 안 됩니다.
- 住む場所は不便ではいけません。 살 곳은 불편해서는 안 됩니다.
- 未成年ではいけません。 미성년은 안 됩니다.

1

まさき　ここでタバコを吸ってもいいですか。

ス ジ　いいえ、タバコを吸ってはいけません。

まさき　どうしてですか。

ス ジ　禁煙だからです。

ここ

❶
電車の中

❷
美術館

❸
映画館

❹
図書館

❺
プール

❻
病院

たんご 禁煙 금연 ｜ うるさい 시끄럽다 ｜ ルール 규칙 ｜ 他の人に迷惑だ 다른 사람에게 폐가 되다 ｜
危ない 위험하다

アクティビティ Ⓐ

授業中のルール

✓ 수업 중에 '해도 되는 것', '하면 안 되는 것'에 대해 말해 봅시다.

内容	みんなの意見	どうして
❶ ゲームをする		
❷ 寝る		
❸ ご飯を食べる		
❹ 英語で話す		
❺ ケータイを見る		
❻ 歌う		
❼ 遅刻する		
❽ クラスメイトとしゃべる		

例 **A** 授業中に電話をかけてもいいですか。

B いいえ、授業中に電話をかけてはいけません。うるさいですから。

チェックポイント Ⓑ

1 의무, 필요 표현

동사 **ない形**
い형용사 〜いく
な형용사 〜だじゃ   + **なければならない**   〜하지 않으면 안 된다, 〜해야 한다
명사 〜じゃ

- 勉強しなければなりません。 공부하지 않으면 안 됩니다. (공부해야 합니다.)
- 部屋は広くなければなりません。 방은 넓지 않으면 안 됩니다. (방은 넓어야 합니다.)
- ホテルはきれいじゃなければなりません。 호텔은 깨끗하지 않으면 안 됩니다. (호텔은 깨끗해야 합니다.)
- 現金じゃなければなりません。 현금이 아니면 안 됩니다. (현금만 가능합니다.)

2 불필요

동사 **ない形**
い형용사 〜いく
な형용사 〜だじゃ   + **なくてもいい**   〜하지 않아도 된다
명사 〜じゃ

- 明日は休みですから会社へ行かなくてもいいです。 내일은 휴일이니까 회사에 가지 않아도 됩니다.
- 安い方がいいですから新しくなくてもいいです。
  저렴한 쪽이 좋으니까 새롭지 않아도(새것이 아니어도) 괜찮습니다.
- 最初は上手じゃなくてもいいです。 처음에는 잘하지 않아도 괜찮습니다.
- 結婚相手はお金持ちじゃなくてもいいです。 결혼 상대는 부자가 아니어도 됩니다.

練習しましょう Ⓑ

1

スジ　まさきさんは週末朝早く起きなければなりませんか。

まさき　はい、運動しますから朝早く起きなければなりません。

いいえ、仕事が休みですから朝早く起きなくてもいいです。

2　「なければならない」、「なくてもいい」を使ってクラスメイトと話してみましょう。

質問	さん	メモ
❶ 毎日掃除をする。		何分ぐらい?
❷ 毎日髪を洗う。		一日何回洗う?
❸ 明日仕事(学校)に行く。		今の気分はどう?
❹ 週末出かける。		どこによく行く? 何をする?

アクティビティ B

国内旅行と海外旅行
こくないりょこう　かいがいりょこう

☑ 국내 여행과 해외여행을 비교해 봅시다.

内容 ないよう	国内旅行 こくないりょこう	海外旅行 かいがいりょこう
❶ パスポートを持って行く。 も　い	×	○
❷ 簡単な会話を覚える。 かんたん　かいわ　おぼ	×	○
❸ 両替する。 りょうがえ	×	○
❹ ガイドブックを持って行く。 も　い		
❺ Wi-Fiを借りる。 ワイ ファイ　か		
❻ レンタカーを借りる。 か		
❼ ビザを取る。 と		

例 国内旅行にはパスポートを持って行かなくてもいいですが、
こくないりょこう　　　　　　　　　　　　も　い
海外旅行にはパスポートを持って行かなければなりません。
かいがいりょこう　　　　　　　　　　　　も　い

13 ストレスを発散した方がいいですよ。

스트레스를 푸는 게 좋겠어요.

❶ ～てしまう   ❹ ～と思う
❷ ～た方がいい / ～ない方がいい   ❺ ～やすい / ～にくい
❸ ～たらどうですか

たんご

🎧 mp3

◆ 動詞 ◆

約束を忘れる 약속을 잊다 ｜ お金を使う 돈을 쓰다 ｜ 薬を飲む 약을 먹다 ｜ 食べすぎる 과식하다 ｜

会社を休む 회사를 쉬다 ｜ 風邪を引く 감기에 걸리다 ｜ 遅刻する 지각하다 ｜ 道に迷う 길을 헤매다 ｜

試験で0点を取る 시험에서 0점을 받다 ｜ 太る 살찌다 ｜ パソコンが壊れる 컴퓨터가 고장 나다 ｜

ケンカする 싸우다 ｜ 上司に叱られる 상사에게 혼나다 ｜ ストレスが溜まる 스트레스가 쌓이다 ｜

日本に留学に行く 일본에 유학하러 가다 ｜ 反対する 반대하다 ｜ 疲れる 지치다, 피로해지다, 피곤하다 ｜

外に出る 밖에 나가다 ｜ 告白する 고백하다 ｜ すらすら読む 술술 읽다 ｜ 雨が降る 비가 내리다 ｜ 歩く 걷다

◆ い形容詞 ◆

具合が悪い 상태/형편이 좋지 않다 ｜ 夜遅く 밤늦게 ｜ 明るい 밝다 ｜ 目がいい 눈(시력)이 좋다 ｜

お酒に強い 술이 세다

◆ な形容詞 ◆

真面目だ 성실하다 ｜ 得意だ 잘하다, 자신 있다

◆ 名詞 ◆

健康 건강 ｜ デザート 디저트 ｜ 悩み 고민 ｜ 相談 상담 ｜ 両親 부모님 ｜ 平日 평일 ｜ 人気者 인기인 ｜

こんな 이런(이러한) ｜ 外国人 외국인 ｜ 今回 이번, 다음 번 ｜ 成功 성공 ｜ スニーカー 운동화 ｜

ハイヒール 하이힐 ｜ 性格 성격 ｜ 血液型 혈액형 ｜ 身長 키

読みましょう

まさき　どうしましたか。

　　　　元気がないですね。

ス ジ　仕事のストレスが溜まって、

　　　　体調が悪くなってしまいました。

まさき　それはよくありませんね。

　　　　どこかに行って、気分転換したらどうですか。

ス ジ　どこかいいところがありますか。

まさき　そうですね。

　　　　となりの町に海がありますけど、海はどうですか。

ス ジ　いいですね。行きたいです。

　　　　ここから行きやすいですか。

まさき　バスに乗ると行きやすいですけど、

　　　　電車に乗ると少し行きにくいと思います。

　　　　海でのんびりして、ストレス発散した方がいいですよ。

ス ジ　はい。海に行って、気分転換してきます。

まさき　あ、それと…。

　　　　海に行ったら仕事のことは

　　　　考えない方がいいですよ。

- 元気がない 기운이 없다
- ストレスが溜まる
  스트레스가 쌓이다
- 体調が悪い 컨디션이 나쁘다
- どこか 어딘가
- 気分転換する 기분전환 하다
- ～ところ ~곳
- となりの町 옆 동네
- 海 바다
- ～けど ~는데
- のんびりする
  한가롭게 지내다
- ストレス発散する
  스트레스 풀다
- ～のこと ~에 관한 것
- 考える 생각하다

チェックポイント Ⓐ

1 ～てしまう

동사 **て形** ＋ **てしまう** ~해 버리다

- 約束を忘れてしまいました。 약속을 잊어버렸습니다.
- お金をたくさん使ってしまいました。 돈을 많이 써버렸어요.

2 충고, 조언

동사 **た形** ＋ **た方がいい** ~하는 편이 좋다

동사 **ない形** ＋ **ない方がいい** ~하지 않는 편이 좋다

- 具合が悪いなら、薬を飲んだ方がいいですよ。 컨디션이 나쁘면, 약을 먹는 편이 좋습니다.
- 健康によくないから、食べすぎない方がいいですよ。
  건강에 좋지 않으니까, 과식하지 않는 게 좋아요.

3 제안

동사 **た形** ＋ **たらどうですか** ~하는 것이 어떻습니까?

- 風邪なら、会社を休んだらどうですか。 감기라면, 회사를 쉬는 것이 어때요?

練習しましょう Ⓐ

1

スジ　食べすぎてしまいました。

まさき　それなら、薬を飲んだ方がいいですよ。

それなら、デザートを食べない方がいいですよ。

 ❶　 ❷　 ❸　 ❹

2

スジ　どうしましたか。元気がないですね。

まさき　食べすぎて、太ったんです。

スジ　少し運動をしたらどうですか。

まさき　そうですね。

食べすぎて、太った

❶ 　❷ 　❸ 　❹

パソコンが壊れた　　友達とケンカした　　上司に叱られた　　ストレスが溜まっている

ヒント　修理に出す 수리를 맡기다 ｜ 新しいパソコンを買う 새 컴퓨터를 사다 ｜
電話をかける 전화를 걸다 ｜ ごめんと言う 미안하다고 말하다 ｜
仕事をがんばる 일을 열심히 하다, 분발하다 ｜ 忘れる 잊다

アクティビティ Ⓐ

悩(なや)み相談(そうだん)

☑ 세 인물의 고민을 확인하고, 각각 어드바이스를 해 봅시다.

> 日本(にほん)に留学(りゅうがく)に行(い)きたいですが、両親(りょうしん)が反対(はんたい)しています。
>
> どうすればいいですか。(大学生(だいがくせい)・キムさん)

> 趣味(しゅみ)がありません。平日(へいじつ)は忙(いそが)しくて夜遅(よるおそ)く家(いえ)に帰(かえ)ります。
>
> 週末(しゅうまつ)は休(やす)みですが、疲(つか)れていますから家(いえ)にずっといます。外(そと)に出(で)たくありませんが、
>
> 趣味(しゅみ)があった方(ほう)がいいですか。(会社員(かいしゃいん)・パクさん)

> クラスメイトのあいさんが好(す)きです。あいさんはとても明(あか)るくて、優(やさ)しくて、
>
> クラスの人気者(にんきもの)です。私(わたし)の性格(せいかく)はあいさんと反対(はんたい)です。
>
> こんな私(わたし)があいさんに告白(こくはく)してもいいですか。(中学生(ちゅうがくせい)・けんたさん)

A ▢▢▢▢▢▢▢▢▢▢▢▢ です。どうしましょうか。

B ▢▢▢▢▢▢ た方(ほう)がいいですよ。

▢▢▢▢▢▢ ない方(ほう)がいいですよ。

1 의견, 생각, 견해를 말하는 표현

동사 **普通形**
형용사 **普通形**
형용사 **普通形** ＋ **と思う** ~라고 생각합니다
명사 **普通形 (~だ)**

- 明日も雨が降ると思います。　내일도 비가 올 것 같아요.
- この本はおもしろいと思います。　이 책은 재미있는 것 같아요.
- 週末は暇だと思います。　주말은 한가할 거예요.
- たぶん外国人だと思います。　아마 외국인일 거라고 생각해요.

2 동작의 용이함과 어려움

동사 **ます形 ＋ やすい**　~하기 쉽다, 하기 편하다, 하기 좋다
동사 **ます形 ＋ にくい**　~하기 어렵다, 하기 불편하다, 하기 안 좋다

- ソウルは運転しやすいですか。　서울은 운전하기 쉬운가요?
- このペンは少し書きにくいです。　이 펜은 좀 쓰기 불편해요.

練習しましょう B

1 明日は雨が降ります

まさき　明日は雨が降ると思いますか。

スジ　はい、降ると思います。

いいえ、降らないと思います。

❶ 今年は寒いです

❷ キムさんは会社にいます

❸ パクさんはカラオケが好きです

❹ 彼は大学生です

❺ 今回の試験は難しくなかったです

❻ 彼女は漢字がすらすら読めます

❼ あのドラマは成功でした

❽ 田中さんは帰りましたか

2

まさき　どんなくつが歩きやすいと思いますか。

スジ　スニーカーが歩きやすいと思います。

まさき　じゃあ、どんなくつが歩きにくいと思いますか。

スジ　ハイヒールが歩きにくいと思います。

 ❶　 ❷　❸ 　❹

ヒント　読む 읽다 ｜ 覚える 외우다 ｜ 作る 만들다 ｜ 着る 입다 ｜ 脱ぐ 벗다

アクティビティ **B**

自分クイズ
じ ぶん

✓ 자기 자신에 대해 퀴즈를 내 봅시다.

私は目がいい？
わたし め

私の血液型は何型？
わたし けつえきがた なにがた

私は明日何をする？
わたし あした なに

私は歌が上手？
わたし うた じょう ず

私は運動が得意？
わたし うんどう とく い

私は昨日何をした？
わたし きのう なに

私は真面目？
わたし ま じ め

私の身長は何センチ？
わたし しんちょう なん

私の趣味は何？
わたし しゅ み なに

私はどんな性格？
わたし せいかく

私はお酒に強い？
わたし さけ つよ

自由
じ ゆう

A ▨▨▨▨▨▨▨▨▨▨▨▨▨▨▨▨▨▨▨と思いますか。
おも

B ▨▨▨▨▨▨▨▨▨▨▨▨▨▨▨▨▨▨▨と思います。
おも

A どうしてですか。

B ▨▨▨▨▨▨▨▨▨▨▨▨▨▨▨▨▨からです。

14 この映画、今ランキング1位だそうです。

> 이 영화, 지금 랭킹 1위래요.

ポイント

❶ ～そうだ(様態)　　　❸ ～そうだ(伝聞)

❷ ～ようだ(推測)　　　❹ ～ようだ(比喩)

 たんご　　　　　　　　　　　　　　　　　　　　🎧 mp3

◆ 動詞 ◆

火が消える 불이 꺼지다 ｜ お腹が空く 배가 고프다 ｜ 合格する 합격하다 ｜

財布が落ちる 지갑이 떨어지다 ｜ 泣く 울다 ｜ 事故が起こる 사고가 일어나다 ｜

カフェができる 카페가 생기다 ｜ 台風が来る 태풍이 오다 ｜ 結婚する 결혼하다 ｜

人口が減る 인구가 줄다 ｜ 映画が公開される 영화가 개봉되다

◆ い形容詞 ◆

気持ちいい 기분 좋다 ｜ バッテリーがない 배터리가 없다 ｜ まずい 맛없다 ｜ 強い 강하다, 세다 ｜

おとなしい 온순하다, 얌전하다

◆ な形容詞 ◆

大変だ 큰일이다, 힘들다 ｜ 暇だ 한가하다 ｜ 得意だ 잘하다, 자신 있다 ｜ 苦手だ 서투르다, 고역이다

◆ 名詞 ◆

赤ちゃん 아기 ｜ お菓子 과자 ｜ 甘い物 단것 ｜ ブランド 브랜드 ｜ お金持ち 부자 ｜

カレーライス 가레라이스 ｜ 有名人 유명인 ｜ ライオン 사자 ｜ パンダ 판다 ｜ 天気 날씨 ｜

曇り 흐림 ｜ モデル 모델 ｜ 夢 꿈 ｜ 晴れ 맑음 ｜ 天使 천사

◆ 表現 ◆

知りませんでした 몰랐습니다

🎧 mp3

（映画館でポスターを見ながら）

まさき　新しい映画のポスターですね。

スジ　この映画、今ランキング1位だそうです。

まさき　人気があるようですね。

　　　　どんなジャンルの映画ですか。

スジ　サスペンスです。

　　　　とてもハラハラするそうですよ。

まさき　おもしろそうです。

　　　　（ポスターを指差しながら）

　　　　この人が犯人だと思います。

スジ　え！まだ映画を見ていないのにどうしてわかるんですか。

まさき　優しそうですけど、本当は怖い人だと思うんです。

　　　　映画の中ではいつも優しそうな人が犯人ですから。

スジ　まるで刑事のようですね。

まさき　スジさん、この映画を見ましょう。

- **映画館** 영화관
- ポスター 포스터
- ランキング 랭킹
- 1位 1위
- ジャンル 장르
- サスペンス 서스펜스
- ハラハラする 조마조마하다
- 指差す 손가락질하다(가리키다)
- 犯人 범인
- ～んです ~한 겁니다(설명/강조)
- 刑事 형사

1 そうだ

동사 **ます形**
い형용사 〜い
な형용사 〜だ ＋ そうだ ～일 것 같다

예외 いい ➡ よさそうだ、ない ➡ なさそうだ

◆ 형용사

대상을 겉으로 보이는 부분만 가지고 추측하는 표현

- このラーメンはおいしそうです。 이 라면은 맛있어 보여요.
- 彼女は大変そうです。 그녀는 힘들어 보입니다.

きれいだ、かわいい 등 눈으로 보고 확인할 수 있는 것에는 추측의 そうだ를 쓸 수 없다.

- 田中さんの彼女はきれいそうです。(✘)
- キムさんの赤ちゃんはかわいそうです。(✘)

◆ 동사

아주 가까운 미래에 일어날 것 같은 일을 추측하는 표현

- 火が消えそうです。 불이 꺼질 것 같아요.

2 ようだ

어떤 근거나 정황을 가지고 추측하는 표현

동사 **普通形**

い형용사 **普通形**

な형용사 **普通形 (〜だな)** 　+　 **ようだ**　~인 것 같다

명사 **普通形 (〜の)**

- 赤ちゃんが泣いています。お腹が空いたようです。 아기가 울고 있어요. 배가 고픈 것 같습니다.

- たくさん服を着ています。寒いようです。 옷을 많이 입고 있어요. 추운 것 같습니다.

- 彼女はチョコレートなどのお菓子をよく食べます。甘い物が好きなようです。
  그녀는 초콜릿 등의 과자를 자주 먹습니다. 단것을 좋아하는 것 같아요.

- 彼はいつもブランドの服を着ています。お金持ちのようです。
  그는 언제나 브랜드 옷을 입습니다. 부자인 것 같아요.

1 「そうだ・ようだ」どちらがいいですか。

❶

❷

❸

❹

❺

❻

❼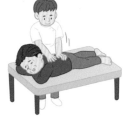

❽

❾

❿

⓫

⓬

⓭

⓮

⓯

アクティビティ Ⓐ

〜そうなイメージ

✅ 각 동물의 이미지를 자유롭게 이야기해 봅시다.

いぬ
犬

例 散歩が好きだ
さん ぽ す

ねこ
猫

例 一人で遊ぶのが得意だ
ひとり あそ とく い

ライオン

例 動物の中で一番強い
どう ぶつ なか いちばんつよ

パンダ

例 おとなしい

うま
馬

例 走るのが得意だ
はし とく い

○○は…

例

A どんなイメージですか。
B 犬は散歩が好きそうです。
いぬ さん ぽ す
　猫は一人で遊ぶのが得意そうです。
ねこ ひとり あそ とく い

　　　　　　　　そうです。

たんご

人が好きだ 사람을 좋아하다
ひと す

にんじんが好きだ 당근을 좋아하다
す

よく寝る 잠이 많다, 잘 자다
ね

肉をよく食べる 고기를 잘 먹다
にく た

意外と小さい/大きい 의외로 작다/크다
い がい ちい おお

人の気持ちがよくわかる 남의 기분을 잘 알다
ひと き も

チェックポイント B

1 전문 (そうだ)

동사	**普通形**(ふつうけい)	
い형용사	**普通形**(ふつうけい)	+ **そうだ** ~라고 한다
な형용사	**普通形**(ふつうけい)	
명사	**普通形**(ふつうけい)	

- この街(まち)に新(あたら)しいカフェができるそうです。　이 거리에 새로운 카페가 생긴다고 합니다.

- あのドラマはおもしろいそうです。　그 드라마는 재미있대요.

- 沖縄(おきなわ)の海(うみ)はきれいだそうです。　오키나와 바다는 깨끗하다고 해요.

- 天気予報(てんきよほう)によると明日(あした)の天気(てんき)は曇(くも)りだそうです。　일기예보에 의하면 내일 날씨는 흐리다고 합니다.

たんご 〜によると ~에 의하면

2 비유 (ようだ)

명사 + **のようだ** ~와 같다
명사 + **のような** + 명사
명사 + **のように** + 동사·い형용사·な형용사

- 背(せ)が高(たか)くてまるでモデルのようです。　키가 커서 마치 모델 같아요.

- 夢(ゆめ)のような時間(じかん)でした。　꿈 같은 시간이었습니다.

- 歌手(かしゅ)のように歌(うた)が上手(じょうず)ですね。　가수처럼 노래를 잘하시네요.

たんご まるで 마치

1 天気予報・来週台風が来ます

スジ　天気予報によると来週台風が来るそうです。

まさき　そうなんですか。知りませんでした。

❶ 先生・今年結婚します

❷ 佐藤さん・夏休みにハワイへ行きました

❸ 新聞・日本の人口は減っています

❹ 山田さん・新しく公開された映画はおもしろかったです

❺ ニュース・新しいケータイはカメラがいいです

❻ 天気予報・明日は晴れです

2 鈴木さん・韓国語が上手だ／韓国人

スジ　鈴木さんは、韓国語が上手ですね。

まさき　はい、まるで韓国人のようです。

❶ 赤ちゃん・かわいい／天使

❷ 彼・ビールをたくさん飲む／水

❸ 田中さん・水泳が上手だ／水泳選手

❹ 今日・風が強い／台風

アクティビティ **B**

伝えよう!

☑ 옆 사람을 인터뷰하고, 「〜そうです」를 사용하여 다른 사람들에게 전달해 봅시다.

クラスメイトに聞いてみましょう!	さん
❶ 何が好きですか。	
❷ 昨日は何をしましたか。	
❸ 週末何をする予定ですか。	
❹ 好きな芸能人(歌手)は誰ですか。	
❺ どうやって日本語を勉強していますか。	
❻ 日本語の何がおもしろいですか。	
❼ 何が得意(苦手)ですか。	

さんは　　　　　　　　　　　　そうです。

Memo

15 英語と韓国語が少し話せます。

> 영어랑 한국어를 조금 할 수 있어요.

ポイント

❶ ～ことができる

❷ 可能形

❸ ～ば

❹ 「～ば」のいろいろな表現

（～ばいい、～ばよかった、～ば～ほど）

🎧 mp3

◆ 動詞 ◆

運転をする 운전을 하다 ｜ 野菜を食べる 채소를 먹다 ｜ 漢字を書く 한자를 쓰다 ｜

自転車に乗る 자전거를 타다 ｜ 絵を描く 그림을 그리다 ｜ 踊りを踊る 춤을 추다 ｜

歌を歌う 노래를 부르다 ｜ ギターを弾く 기타를 치다 ｜ 整理をする 정리를 하다 ｜ 遊ぶ 놀다 ｜

急な仕事が入る 급한 일이 생기다 ｜ 登る 오르다 ｜ 寝坊する 늦잠 자다 ｜ 時計が壊れる 시계가 고장 나다 ｜

風邪を引く 감기에 걸리다 ｜ 太る 살찌다 ｜ 宿題を忘れる 숙제를 깜빡하다 ｜ 修理に出す 수리를 맡기다

◆ い形容詞 ◆

長い 길다 ｜ 辛い 맵다

◆ な形容詞 ◆

得意だ 잘하다, 자신 있다 ｜ 苦手だ 서투르다, 고역이다 ｜ 簡単だ 간단하다 ｜ 店が静かだ 가게가 조용하다

◆ 名詞 ◆

英語 영어 ｜ 中国語 중국어 ｜ 焼酎 소주 ｜ ワイン 와인 ｜ ギター 기타 ｜ ピアノ 피아노 ｜

車 차 ｜ 残業 잔업(야근) ｜ タクシー 택시 ｜ 悩み 고민

読みましょう

スジ　まさきさんは外国語が話せますか。

まさき　英語と韓国語が少し話せます。

スジ　私も英語は少し、日本語は…。

まさき　日本語は上級者ですね。

スジ　そんなことありませんよ。

まさき　日本語で仕事ができて、日本で生活もできて、

　　　　すごいですよ。

スジ　そうですか。ありがとうございます。

　　　　でも、まだ漢字は難しいです。

まさき　漢字ですか。

スジ　はい。漢字を見ればなんとなく意味はわかりますが、

　　　　読めなくて。

まさき　意味がわかるだけでもすごいですよ。漢字は

　　　　読めば読むほど、読めるようになりますよ。

スジ　学生の時、漢字の勉強をすればよかった。

まさき　焦らないで、

　　　　少しずつ勉強すればいいですよ。

- 外国語 외국어
- 上級者
  상급자(수준이 높은, 잘하는 사람)
- そんなことない
  그렇지 않다
- 生活 생활
- なんとなく
  왠지 모르게, 어쩐지
- だけでも 만이라도
- ～ようになる ~(하)게 되다
- ～の時 ~때, ~시절
- 焦る 초조해하다

<おすすめ>
小鰭

チェックポイント Ⓐ

1 가능

1 동사 基本形(きほんけい) + ことができる

- 漢字(かんじ)を読(よ)むことができますか。 한자를 읽을 수 있습니까?

2 ～が + 동사 可能形(かのうけい)

- 漢字(かんじ)が読(よ)めます。 한자를 읽을 수 있습니다.

- あそこで休(やす)めます。 저기서 쉴 수 있어요.

◆ 가능형 앞에 있는 조사 をと 가로 바뀐다.

可能形(かのうけい)

1グループ	2グループ	3グループ
어미 → え단 + る	어미 ~る + られる	する → できる 来(く)る → 来(こ)られる

✅ 다음 그림을 보고 가능형으로 이야기해 보세요.

例 コーヒーが飲(の)めます。
コーヒーが飲(の)めません。

❶
❷
❸

❹
❺
❻

1

スジ　朝、早く起きられますか。

まさき　はい、起きられます。

　　　　いいえ、起きられません。

朝、早く

❶

長く

❷

辛い料理

❸

英語で

❹

日本語で

2

中国語／日本語

スジ　中国語が話せますか。

まさき　いいえ、話せません。

　　　　でも、日本語なら少し話せます。

❶ 焼酎／ワイン

❷ 日本料理／韓国料理

❸ ギター／ピアノ

❹ 自由

アクティビティ Ⓐ

得意（とくい）なこと、苦手（にがて）なこと

☑ 내가 자신 있는 것과 서툰 것을 써 봅시다. 그 후에 서로 질문해 봅시다.

得意（とくい）なこと

例 車（くるま）の運転（うんてん）ができます。

苦手（にがて）なこと

例 部屋（へや）の整理（せいり）ができません。

例 A 私（わたし）は車（くるま）の運転（うんてん）ができますけど、〇〇さんはどうですか。
　　B 上手（じょうず）じゃないですけど、車（くるま）の運転（うんてん）ができます。
　　　 私（わたし）はいろいろな料理（りょうり）が作（つく）れますけど、〇〇さんはどうですか。

チェックポイント Ⓑ

1 가정 (〜ば)

조건을 나타내는 표현.

전제 조건이 없는 자연 현상이나 불변의 진리에는 사용할 수 없다.

동사 ば形　어미 〜え단 + ば
い형용사　〜い + ければ
　　　　　　　　　　　　　　〜(하)면
な형용사　〜だ + なら (ば)
명사　+ なら (ば)

- 風邪が治れば学校に行けます。　감기가 나으면 학교에 갈 수 있습니다.
- 天気がよければ散歩をします。　날씨가 좋으면 산책을 합니다.
- 暇なら映画を見ませんか。　한가하면 영화를 볼래요?
- 近いところなら行きます。　가까운 곳이라면 갈게요.

2 ばの여러 가지 표현

〜ばいい　　　　　　　〜(하)면 된다
〜ばよかった　　　　　〜(하)면 좋았을 걸, 〜(했)어야 한다
〜ば〜ほど　　　　　　〜(하)면 할수록

- 具合が悪いときは休めばいいですよ。　컨디션이 좋지 않을 때는 쉬면 돼요.
- 学生の時、ちゃんと勉強すればよかった。　학창 시절에 제대로 공부했으면 좋았을 텐데.
- お金は多ければ多いほどいいです。　돈은 많으면 많을수록 좋아요.

練習しましょう B

---

1 運動をする／簡単な運動／する

・・・

まさき　一緒に運動をしませんか。

スジ　そうですね。簡単な運動なら(ば)、します。

---

❶ カフェで勉強をする／店が静かだ／する　❷ 遊ぶ／急な仕事が入らない／遊べる

❸ 山に登る／高くない山／登る　❹ 映画を見る／残業がない／見る

---

2 寝坊した

・・・

まさき　寝坊したんですが、どうすればいいですか。

スジ　タクシーに乗ればいいですよ。

---

❶ 時計が壊れた

❷ 風邪を引いた

❸ 太った

❹ 宿題を忘れた

自由

アクティビティ Ⓑ

〜ば　〜ほど

 아래의 단어를 사용해서 자신의 생각을 이야기해 봅시다.

小さい	長い	甘い	高い	難しい
大きい	短い	酸っぱい	低い	簡単だ
少ない	近い	苦い	安い	〜する
多い	遠い	しょっぱい	新鮮だ	飲む
新しい	高い	真面目だ	うるさい	食べる
古い	安い	きれいだ	静かだ	自由

例

A 悩みは少なければ少ないほどいいと思います。
B 私もそう思います。
　 悩みは少なければ少ないほどいいですよね。

16 結婚しても仕事を
続けたいです。

> 결혼해도 일을 계속하고 싶어요.

❶ 〜らしい(伝聞) / [名詞]＋らしい

❷ 〜たら

❸ 〜ても

たんご
🎧 mp3

◆ 動詞 ◆

恋人ができる 애인이 생기다 │ 引っ越す 이사하다 │ 会社を辞める 회사를 그만두다 │

過ごす (時間 등을) 보내다, 지내다 │ 使う 사용하다 │ お腹が空く 배가 고프다 │ あきらめる 포기하다 │

夜遅くまで遊ぶ 밤늦게까지 놀다 │ 日本語が上手になる 일본어가 능숙해지다

◆ い形容詞 ◆

暖かい 따뜻하다 │ 住みやすい 살기 편하다 │ 楽しい 즐겁다

◆ 名詞 ◆

京都 교토 │ 社長 사장(님) │ 野菜 채소 │ 果物 과일 │ 特徴 특징 │ うわさ 소문 │ お店 가게 │

場所 장소 │ ドラマ 드라마 │ 映画 영화 │ 観光地 관광지 │ 街 거리 │ 景色 경치, 풍경 │

機会 기회 │ 一日中 하루 종일 │ 田舎 시골 │ 1億円 1억엔 │ 全部 전부 │ タイムマシーン 타임머신 │

天才 천재 │ 王様 왕 │ 女王 여왕

読みましょう

🎧 mp3

まさき　スジさんは結婚したいと思いますか。

スジ　　急にどうしたんですか。

まさき　最近結婚したいと思う人が少なくなったらしいですよ。

スジ　　そうなんですか。私はいつか結婚したいです。

まさき　スジさんは結婚したら仕事を辞めようと
　　　　思っていますか。

スジ　　いいえ、私は結婚しても仕事を続けたいです。
　　　　今の仕事がとても楽しいですから。

まさき　いつも仕事をがんばっているスジさんらしいですね。

スジ　　まさきさんはどうですか。

まさき　私もいつか結婚したいです。もし結婚したら
　　　　大きい家を買って家族みんなと庭でバーベキューをするのが夢です。

スジ　　え～、庭でバーベキュー！！
　　　　楽しそうですね。

- 急に 갑자기
- 少ない 적다
- いつか 언젠가
- 辞める 그만두다
- 続ける 계속하다
- がんばる 열심히 하다
- 庭 정원
- バーベキュー
　바비큐(barbecue)
- 夢 꿈

16 結婚しても仕事を続けたいです。　137

チェックポイント Ⓐ

1 らしい

자신의 판단이 아니라 다른 사람에게 들은 것을 또 다른 사람에게 전할 때 쓰는 표현.
소문이나 정보를 말할 때 주로 쓰인다.

동사　　　普通形
い형용사　普通形
な형용사　普通形 (~だ)　+　らしい　　~라는 것 같다
명사　　　普通形

- 佐藤さんは最近恋人ができたらしいです。　사토 씨는 최근 애인이 생겼다는 것 같아요.
- 寝すぎることは体に悪いらしいです。　너무 많이 자는 것은 몸에 안 좋다는 것 같습니다.
- あの会社の仕事は大変らしいです。　그 회사 일은 힘들다는 것 같아요.
- 彼はお金持ちらしいです。　그는 부자라는 것 같습니다.

◆「명사 + らしい」는 '~답다'라는 뜻으로도 쓰인다.

- 今日は暖かくて春らしいです。　오늘은 따뜻해서 봄다워요(봄다운 날씨네요).
- 息子は全然勉強しなくて学生らしくないです。　아들은 전혀 공부하지 않아서 학생답지 않아요.

1 田中さんが来月京都に引っ越します。

スジ　田中さんが来月京都に引っ越すらしいですよ。

まさき　そうなんですか。全然知りませんでした。

❶ 鈴木さんが会社を辞めます。 　❷ あのパン屋はおいしいです。

❸ 山本さんは最近仕事が暇です。 　❹ 佐藤さんのお父さんは社長です。

2 まさき　どんな物が日本らしいですか。

スジ　おすしが日本らしいです。

◆「～らしい」を使って例のように文を作ってみましょう。

韓国らしい食べ物

・

・

・

(春、夏、秋、冬)らしい野菜・果物

・

・

・

韓国人、日本人、中国人らしい特徴

・

・

・

自由

・

・

・

アクティビティ Ⓐ

私が聞いたうわさ

☑️ 내가 들은 소문을 이야기해 봅시다.

【おいしいお店】
(お店)がおいしいらしいです。

【景色がきれいな場所】
(場所)がきれいらしいです。

【おもしろいドラマ・映画】
(ドラマ・映画)が
おもしろいらしいです。

【住みやすい街】
(街)が住みやすいらしいです。

【楽しい観光地】
(観光地)が楽しいらしいです。

1 가정 (〜たら)

비현실적이거나 아직 일어나지 않은 일이 일어났다는 가정.

동사	た形		
い형용사	た形 (〜いかった)		
な형용사	た形 (〜だった)	+ たら	〜(하)면, 〜(이)라면
명사	た形 (〜だった)		

- 機会があったら日本に住みたいです。　기회가 있다면 일본에 살고 싶습니다.
- 安かったら買います。　싸다면 사겠습니다.
- 暇だったら映画を見ます。　한가하면 영화를 볼래요.
- もし私が猫だったら一日中寝て過ごしたいです。　만약 내가 고양이라면 하루 종일 자면서 보내고 싶어요.

たんご　もし、もしも 만약, 만약에

◆ **〜たら + 과거형**　〜했더니 / 〜하자 …했다

- 薬を飲んだらよくなりました。　약을 먹었더니 좋아졌습니다.

2 역접 (〜ても)

동사	て形	+ ても	
い형용사	て形 (〜いく)	+ ても	〜(해)도, 〜일지라도
な형용사	て形 (〜だ)	+ でも	
명사		+ でも	

- 漢字は覚えてもすぐ忘れます。　한자는 외워도 금방 잊어버립니다.
- 時間がなくても運動します。　시간이 없어도 운동합니다.
- 少し不便でも田舎に住みたいです。　조금 불편해도 시골에 살고 싶어요.
- 休みの日でも早く起きます。　휴일에도 일찍 일어나요.

練習しましょう B

1 1億円ある／全部使う

スジ　もし1億円あったら、全部使いますか。

まさき　はい、1億円あったら全部使います。

　　　　いいえ、1億円あっても全部使いません。

❶ 夜お腹が空く／何か食べる

❷ 日本語が難しい／あきらめる

❸ 暇だ／寝る

❹ 週末休み／夜遅くまで遊ぶ

2

まさき　スジさん、もし長い休みがあったら何がしたいですか。

スジ　そうですね。韓国に帰りたいです。

まさき　どうしてですか。

スジ　母の料理が食べたいですから。

長い休みがある

❶ お金持ち

❷ 日本語がペラペラだ

❸ タイムマシーンがある

❹ 週末天気がいい

もし～だったら

☑ 가정 표현을 사용해서 옆 사람에게 질문해 봅시다.

内容 ないよう	何がしたいですか。 なに	どうしてですか。
❶ 好きな芸能人に会う _す _{げいのうじん} _あ		
❷ 日本に住む _{に ほん} _す		
❸ 長い休みがある _{なが} _{やす}		
❹ したいことがなんでもできる		
❺ 天才になる _{てんさい}		
❻ 王様・女王になる _{おうさま} _{じょおう}		
❼ 日本語が上手になる _{に ほん ご} _{じょう ず}		

例 A 好きな芸能人に会ったら何がしたいですか。
　　　_す _{げいのうじん} _あ _{なに}
　　B 一緒に写真が撮りたいです。
　　　_{いっしょ} _{しゃしん} _と

17 ミスをして
上司に叱られました。

> 실수해서 상사에게 혼났어요.

ポイント

① 受け身(〜れる、〜られる)

② 使役(〜せる、〜させる)

③ 〜たり〜たりする

♪ mp3

◆ 動詞 ◆

ほめる 칭찬하다 │ かばんを盗む 가방을 훔치다 │ 足を踏む 발을 밟다 │

マンガを捨てる 만화책을 버리다 │ 傘を持って行く 우산을 가져가다 │ 振られる 차이다 │

道を聞く 길을 묻다 │ プロポーズする 프러포즈하다 │ 笑う 웃다 │ 叱る 혼내다, 꾸짖다 │

迎えに来る 마중하러 오다 │ 早く帰る 일찍 돌아가(오)다 │ 料理を作る 요리를 만들다 │

掃除をする 청소를 하다 │ ピアノを習う 피아노를 배우다 │ 単語を覚える 단어를 외우다 │

牛乳を飲む 우유를 마시다 │ 服を買う 옷을 사다 │ 犬の世話をする 개를 돌보다 │ 集中する 집중하다

◆ い形容詞 ◆

恥ずかしい 부끄럽다, 창피하다

◆ な形容詞 ◆

残念だ 유감이다 │ 大変だ 힘들다, 큰일이다 │ 散々だ 심하다, 지독하다, 엉망이다 │

得意だ 잘하다, 자신 있다 │ 苦手だ 서투르다, 고역이다

◆ 名詞 ◆

泥棒 도둑 │ 知らない人 모르는 사람 │ 外国人 외국인 │ 上司 상사 │ 彼氏 남자 친구 │

警察官 경찰관 │ 彼女 여자 친구 │ 部下 부하 │ 先輩 선배 │ 後輩 후배 │ 親 부모 │ 牛乳 우유 │

服 옷 │ 本屋 서점 │ 夜 밤 │ 会話 회화 │ 留学 유학 │ 聞き取り 듣(고 이해하)기

読みましょう

まさき	スジさん、元気がないですね。	
スジ	上司に叱られたんです。	
まさき	それは大変でしたね。どうして叱られたんですか。	
スジ	取引先に送った書類にミスがあって…。	
まさき	それで叱られたんですね。 ところで、その上司は部長のことですか。	
スジ	はい、そうです。	
まさき	部長はよくスジさんのことをほめていますよ。	
スジ	それはないですよ。部長によく叱られたり、 注意されたりしていますから。	
まさき	部長はスジさんによく仕事をさせますか。	
スジ	はい。 さっきも新しい企画に参加してほしいと言われました。	
まさき	部長はスジさんに期待しているようですね。	
スジ	そうなんですか。うれしいです。	
まさき	部長は仕事ができない人に 仕事をさせませんから。	
スジ	まさきさんありがとうございます。 おかげで、元気になりました。	

・元気がない 기운이 없다
・叱る 혼내다
・取引先 거래처
・送る 보내다
・書類 서류
・ミス 실수
・〜のこと ~에 관한 것
・ほめる 칭찬하다
・注意する 주의하다
・さっき 아까, 조금 전
・企画 기획
・参加する 참가하다
・言う 말하다
・期待する 기대하다
・おかげで 덕분에

チェックポイント Ⓐ

1 수동 (受け身)   ~함을 받다, ~함을 당하다

상대로부터 어떤 일을 당하거나, 어떤 행동을 받아 불쾌하거나, 기쁘다는 감정을 나타내는 표현.

例

友達が私のケーキを食べました。 [친구가 내 케이크를 먹었다는 사실]

私は友達にケーキを食べられました。 [친구가 내 케이크를 먹었다는 사실과 그로 인해 기분이 나빴다는 표현]

◆ 수동형의 주어는 행위를 받는 사람으로, 주로 「わたし(나)」가 되고, 행위를 하는 사람에게는 조사 「に」가 붙는다.

受身形

1グループ	2グループ	3グループ
어미 → あ단＋れる ＊笑う → 笑われる	어미 ~る＋られる	する → される 来る → 来られる

- 友達に名前を忘れられました。   친구가 (내) 이름을 잊어버렸어요. (친구가 내 이름을 까먹어서 서운해요.)
- 赤ちゃんに泣かれました。   아기가 울었습니다. (아기가 울어서 제가 당황했어요.)
- 先生にほめられました。   선생님이 (나를) 칭찬했습니다. (선생님에게 칭찬받아 기뻤어요.)

練習しましょう Ⓐ

1

スジ　どうしたんですか。

まさき　父にケータイを見られました。

スジ　それは大変でしたね。

父に

❶ 泥棒に

❷ となりの人に

❸ 母に

❹ 知らない人に

2

スジ　どうしたんですか。

まさき　彼女に振られました。

スジ　それは残念でしたね。

残念だ

❶ 大変だ

❷ いい

❸ 恥ずかしい

❹ 散々だ

アクティビティ Ⓐ

どんなことをされましたか

☑ 당신은 누구에게 어떤 것을 당했나요? 말해 봅시다.

例 私は彼氏にかわいいと言われました。

警察官に名前を聞かれました。

家族（父・母・兄・姉・弟・妹）に…

友達に…

恋人（彼女・彼氏）に…

会社の人（上司・部下・先輩・後輩）に…

知らない人に…

先生に…

ヒント ほめる 칭찬하다 ｜ 叱る 혼내다, 야단치다 ｜ 食べる 먹다 ｜ 盗む 훔치다 ｜ 忘れる 잊다 ｜
言う 말하다 ｜ 泣く 울다 ｜ 笑う 웃다 ｜ 取る 빼앗다 ｜ 文句を言う 불평하다 ｜
告白する 고백하다 ｜ 頼む 부탁하다

チェックポイント Ⓑ

1 사역 (使役) ~하게 하다, ~시키다

◆ **使役形**

1グループ	2グループ	3グループ
어미 → あ단 + せる	~る + させる	する → させる
*習う → 習わせる		来る → 来させる

- 親は子供に宿題をさせます。 부모는 아이에게 숙제를 시킵니다.
- 私は弟に駅まで迎えに来させました。 나는 동생에게 역까지 마중하러 오게 했습니다.

2 〜たり〜たりする 동작, 상태 등의 열거 ~기도 하고 ~기도 한다

동사	た形		
い형용사	た形 (いかった)		
な형용사	た形 (だった)	+ たり	
명사	た形 (だった)		

동사	た形		
い형용사	た形 (いかった)		
な형용사	た形 (だった)	+ たりする	
명사	た形 (だった)		

- 休みの日は食べたり飲んだりします。 쉬는 날에는 먹고 마시고 합니다.
- 天気がよかったり悪かったりします。 날씨가 좋기도 하고 나쁘기도 합니다.
- 暇だったり暇じゃなかったりします。 한가했다가 한가하지 않았다가 해요.
- 仕事は6時までだったり7時までだったりします。 일은 6까지기도 하고, 7시까지기도 해요.

練習しましょう B

1

A お母さんはスジさんに何をさせましたか。

B 母は私に早く帰らせました。

 ❶   ❷   ❸    ❹

2

先生／学生は英語の単語を覚えます

➡ 先生は学生に英語の単語を覚えさせます。

❶ 母／子供は牛乳を飲みます　　❷ 彼女／彼氏は服を買いました

❸ 父／私はご飯をきれいに食べました　❹ まさきさん／スジさんは犬の世話をします

3

週末／本屋に行きます、デパートに行きます

まさき　週末は何をしますか。

スジ　本屋に行ったりデパートに行ったりするつもりです。

❶ 明日／先生に会います、友達に会います

❷ 今日の夜／テレビを見ます、友達に電話をかけます

❸ 仕事が終わった後／運動をします、友達とご飯を食べます

❹ 授業が終わった後／ 自由

アクティビティ Ⓑ

何_{なに}をさせるか

☑ 당신은 일본어 선생님입니다. 어느 학생에게 어떤 공부를 시킬 것인지 정하여 말해 봅시다.

❶ パクさん		趣味_{しゅみ}で日本語_{にほんご}を勉強_{べんきょう}しています。 会話_{かいわ}は得意_{とくい}ですけど、漢字_{かんじ}が苦手_{にがて}です。 楽_{たの}しく勉強_{べんきょう}したいです。
❷ キムさん		仕事_{しごと}のために勉強_{べんきょう}しています。 忙_{いそが}しくてあまり日本語_{にほんご}の勉強_{べんきょう}ができません。
❸ イさん		留学_{りゅうがく}するために日本語_{にほんご}を勉強_{べんきょう}しています。 試験_{しけん}（JLPT）の勉強_{べんきょう}をしていますが、 あまり集中_{しゅうちゅう}できません。
❹ チェさん		時間_{じかん}がありますから、趣味_{しゅみ}で勉強_{べんきょう}しています。 漢字_{かんじ}は得意_{とくい}ですが、聞_きき取_とりが苦手_{にがて}です。
❺ イムさん		日本_{にほん}の音楽_{おんがく}が好_すきで勉強_{べんきょう}しています。 長_{なが}く勉強_{べんきょう}していますけど、上手_{じょうず}になりません。 そして勉強_{べんきょう}がおもしろくありません。

A ○○さんは _____ ですから、_____ させた方_{ほう}がいいですね。

18 部屋のドアが開いていますよ。

방문이 열려 있어요.

ポイント

❶ ～が[自動詞]ている
❷ ～が[他動詞]てある
❸ ～かもしれません
❹ ～でしょう

 mp3

◆ 動詞 ◆

窓を開ける／窓が開く 창문을 열다/창문이 열리다 | 窓を閉める／窓が閉まる 창문을 닫다/창문이 닫히다 |

電気をつける／電気がつく 전등을 켜다/전등이 켜지다 | 電気を消す／電気が消える 전등을 끄다/전등이 꺼지다 |

車を止める／車が止まる 차를 세우다/차가 서다 | 本を入れる／本が入る 책을 넣다/책이 들어가다 |

置く 두다 | 時計をかける／時計がかかる 시계를 걸다/시계가 걸리다 | ポスターを貼る 포스터를 붙이다 |

続く 계속되다 | 並ぶ 늘어서다, 줄짓다 | 付き合う 사귀다 | 叱られる 혼나다 |

事故が起きる 사고가 (일어)나다 | いい点を取る 좋은 점수를 받다 | 熱がある 열이 있다 |

予想する 예상하다 | 合格する 합격하다 | 家を買う 집을 사다 |

◆ い形容詞 ◆

忙しい 바쁘다 | 顔が赤い 얼굴이 빨갛다 | 恥ずかしい 부끄럽다, 창피하다 | 難しい 어렵다 |

頭が痛い 머리가 아프다

◆ な形容詞 ◆

無理だ 무리다

◆ 名詞 ◆

エアコン 에어컨 | 棚 선반, 진열장 | 人形 인형 | ポスター 포스터 | 服 옷 | はさみ 가위 |

ドア 문 | アニメ 애니메이션 | 試合 시합 | 今度 이번, 다음번 | 試験 시험 | 飲み会 회식 |

迷子 미아 | 救急車 구급차 | 事故 사고 | 満点 만점 | 風邪 감기 | 未来 미래 | ～年後 ~년 후 |

（スジと同僚の田中さんがまさきの家に遊びに行く）

まさき　　スジさん、田中さん、いらっしゃい。

　　　　　どうぞ、入ってください。

スジ・田中　おじゃまします。

田中　　　うわ～、まさきさんの部屋きれいですね。

まさき　　そんなことないですよ。普通です。

スジ　　　部屋のドアが開いていますよ。

まさき　　ああ。猫がいるから開けてあるんです。

スジ　　　猫は飼ったことがありませんが、

　　　　　飼ってみたらかわいいでしょうね。

まさき　　いえいえ、私の家の猫はいたずらっ子で…。

　　　　　寝ているときが一番かわいいかもしれません。

田中　　　ペットを飼うのは簡単じゃないですよ。

・同僚 동료

・遊ぶ 놀다

・いらっしゃい 어서 와(요)

・どうぞ 자, 어서 (권유/승낙)

・おじゃまします
　실례합니다(방문 인사)

・部屋 방

・そんなことないですよ
　아니에요, 그렇지 않아요

・普通 보통, 평범

・いたずらっ子 장난꾸러기

・飼う 기르다

・～てみる ~해 보다

・簡単だ 간단하다

チェックポイント Ⓐ

1 상태 (〜ている・〜てある) ~해져 있다

상태를 나타낼 때 자동사와 타동사의 표현은 서로 다르다.

※〜が　[자동사] + **ている**　자연스럽게 된 상태

※〜が　[타동사] + **てある**　누군가에 의해 만들어진 상태

例 開く [자동사] 열리다

- 窓が開いている [진행] 창문이 열리고 있다
- 窓が開いている [상태] 창문이 열려 있다
  (자연스럽게 열림)

例 開ける [타동사] 열다

- 窓を開けている [진행] 창문을 열고 있다
- 窓が開けてある [상태] 창문이 열려 있다
  (누군가 고의적으로 열어둠)

◆ 자주 쓰이는 상태 표현

타동사	자동사	상태 표현
		窓が　　　　　　　　　。 窓が　　　　　　　　　。
		窓が　　　　　　　　　。 窓が　　　　　　　　　。
		電気が　　　　　　　　。 電気が　　　　　　　　。
		電気が　　　　　　　　。 電気が　　　　　　　　。
		車が　　　　　　　　　。 車が　　　　　　　　　。
		本が　　　　　　　　　。 本が　　　　　　　　　。

1 スジ　　部屋はどうなっていますか。

まさき　　Aの部屋は窓が閉まっていますが、Bの部屋は窓が開いています。

Ⓐ

Ⓑ

アクティビティ Ⓐ

どんな状態？

☑️ 현재 교실과 나의 집은 어떤 상태인가요? 자동사/타동사를 활용하여 말해 봅시다.

内容	どうなっていますか。	
	자동사	타동사
❶ ドアは？		
❷ 電気は？		
❸ エアコンは？		
❹ 窓は？		
❺ 時計は？		
❻ 自由		

チェックポイント Ⓑ

1 **〜かもしれません**

동사	普通形（ふつうけい）
い형용사	普通形（ふつうけい）
な형용사	普通形（ふつうけい）(〜だ)
명사	普通形（ふつうけい）

+ **かもしれません** ~일지도 모릅니다

- 暑（あつ）い日（ひ）が続（つづ）くかもしれません。 더운 날이 계속될지도 모릅니다.
- 来月（らいげつ）は忙（いそが）しいかもしれません。 다음 달에는 바쁠지도 모르겠습니다.
- 彼（かれ）は彼女（かのじょ）が好（す）きかもしれません。 그는 그녀를 좋아할지도 몰라요.
- 明日（あした）の天気（てんき）は雨（あめ）かもしれません。 내일 날씨는 비일지도(비가 올지도) 몰라요.

2 **〜でしょう**

동사	普通形（ふつうけい）
い형용사	普通形（ふつうけい）
な형용사	普通形（ふつうけい）(〜だ)
명사	普通形（ふつうけい）

+ **でしょう** ~일 겁니다

- 暑（あつ）い日（ひ）が続（つづ）くでしょう。 더운 날이 계속될 겁니다.
- 来月（らいげつ）は忙（いそが）しいでしょう。 다음 달에는 바쁘겠지요.
- 彼（かれ）は彼女（かのじょ）が好（す）きでしょう。 그는 그녀를 좋아할 겁니다.
- 明日（あした）の天気（てんき）は雨（あめ）でしょう。 내일 날씨는 비겠지요.

「〜でしょう?」 끝을 올려서 발음하면 '~이죠?'라는 뜻으로 상대방에게 '확인'하는 표현이 된다.

- 最近（さいきん）人気（にんき）のアニメ、おもしろいでしょう? 최근 인기 있는 애니메이션, 재미있죠?

◆「かもしれません」과「〜でしょう」의 비교

かもしれません ➡ 가능성이 적을 때도 사용한다.

でしょう ➡ 가능성이 높을 때 사용한다.

📋 練習しましょう B

1

スジ	ⓐあの店はおいしいでしょうか。
まさき	そうですね。ⓐおいしいでしょう。
スジ	どうしてですか。
まさき	ⓑいつも人が並んでいますから。

❶ ⓐ 二人は結婚します
ⓑ 長く付き合っている

❷ ⓐ 今日の野球の試合は無理です
ⓑ たくさん雨が降っている

❸ ⓐ あの人は日本人です
ⓑ 日本語を話していた

❹ ⓐ 今度の試験は難しいです
ⓑ 先生が言っていた

2 例 高橋さんは忙しそうでしたから、飲み会に（ 来ない ）かもしれません。

❶ 山本さんは電話に出ませんから、（　　　　　　　　）かもしれません。

❷ 渡辺さんは顔が赤いですから、（　　　　　　　　）かもしれません。

❸ 子供が泣いています。（　　　　　　　　）かもしれません。

❹ 救急車が止まっています。（　　　　　　　　）かもしれません。

❺ この前のテストは簡単でしたから、（　　　　　　　　）かもしれません。

❻ 熱があって頭も痛いですから、（　　　　　　　　）かもしれません。

未来予想図
（みらいよそうず）

☑ 1년 후, 5년 후, 10년 후의 미래를 예상해 봅시다.

【私】（わたし）

1年後（ねんご）…JLPT1級に合格するかもしれません。（きゅう ごうかく）

５年後（ねんご）…会社を辞めるかもしれません。（かいしゃ や）

10年後（ねんご）…家を買うかもしれません。（いえ か）

【韓国】（かんこく）

1年後（ねんご）…

５年後（ねんご）…

10年後（ねんご）…

【世界】（せかい）

1年後（ねんご）…

５年後（ねんご）…

10年後（ねんご）…

Memo

すくすく日本語 会話 1

해석
···
정답

해석

01 アイスとホットとどちらがいいですか。

마사키	홍차와 커피 어느 쪽을 좋아해요?
수지	커피 쪽이 좋아요.
마사키	아이스와 핫 어느 쪽이 좋아요?
수지	아이스로 부탁해요. 마사키 씨는요?
마사키	저는 따뜻한 걸로 하겠습니다. 케이크는 어떻게 할까요?
수지	뭐가 추천(메뉴)인가요?
마사키	글쎄요. 여기는 초콜릿(케이크)이 가장 인기예요.
수지	그럼, 그걸로 할게요.
...	
점원	어서 오세요. 주문하시겠습니까?
마사키	아이스커피와 따뜻한 커피를 하나씩. 그리고, 초콜릿케이크를 두 개 주세요.
점원	아이스커피와 따뜻한 커피를 하나씩, 초콜릿케이크를 두 개. 이상으로 괜찮으시겠습니까?
마사키	네.
점원	전부 해서 2,350엔입니다.
마사키	카드로 부탁합니다.

02 何人兄弟ですか。

수지	마사키 씨는 형제가 몇이에요?
마사키	저는 형과 남동생과 저 삼 형제예요.
수지	그래요? 형제들과 얼굴이 닮았나요?
마사키	네, 매우 닮았어요.
(사진을 꺼낸다)	
마사키	오른쪽이 형이고, 왼쪽이 남동생이에요.
수지	마사키 씨는 형과 아주 닮았네요. 형은 어떤 분이에요?
마사키	형은 조용하고, 책 읽기를 좋아해요.
수지	남동생은 어떤 분이에요?
마사키	남동생은 좀 시끄럽지만, 귀여워요.

수지	남동생은 몇 살 아래인가요?
마사키	4살 아래입니다. 수지 씨는 형제가 몇이에요?
수지	저는 세 자매예요. 언니와 여동생이 있어요.
마사키	저도 수지 씨도 세 형제의 중간이네요.

03 授業は何時からですか。

마사키	퇴근하고 나서 뭐 하세요?
수지	오늘은 체육관에 가서 운동할 거예요.
마사키	운동을 자주 하세요?
수지	아니요, 일주일에 한 번만이요. 퇴근하고 나서 운동하는 건 힘들어요.
마사키	그렇죠. 힘들지요.
수지	그건 그렇고, 마사키 씨는 오늘 뭐 하세요?
마사키	일이 끝난 후에, 한국어 수업을 들어요.
수지	한국어 공부를 하고 있어요?
마사키	네. 그런데 아직 잘하지는 못해요.
수지	한국어 수업은 몇 시부터예요?
마사키	오후 8시부터요.
수지	그럼, 한국어 수업 전에 저와 한국어로 말하기 연습을 하지 않을래요?
마사키	아직 그런 수준이 아닌걸요.

04 週末何をする予定ですか。

마사키	수지 씨, 주말에 뭐 할 계획이에요?
수지	금요일부터 가족과 외출할 예정이에요.
마사키	그래요? 토요일 밤에, 맛있는 초밥을 먹으러 가려고 하는데, 함께 가지 않을래요?
수지	토요일 밤에는 좀…. 그날에 신칸센으로 돌아올 계획이라서, 늦어질 거예요. 일요일 밤은 어때요?
마사키	이번 주 일요일은 좀… 영화를 볼 예정이라서…. 그럼, 다음 주 일요일은 어때요?
수지	좋아요. 다음 주 일요일로 합시다. 어디에서, 몇 시에 만날까요?
마사키	도쿄역 앞에서 12시는 어떤가요?

수지　좋네요. 그럼 그렇게 합시다.

05 帽子をかぶっている人が社長です。

수지　마사키 씨. 셔츠를 입고, 넥타이를 매고 있는 분은 누구인가요?

마사키　그분은 기무라 씨예요.

수지　그럼, 안경을 끼고 있는 분은 누구예요?

마사키　그분은 다나카 씨예요.
　그리고 커피를 마시면서 이야기하고 있는 사람은 사토 씨입니다.

수지　일본인 이름은 너무 어려워서 외우기가 힘들어요.

마사키　이름이 기니까요.

수지　그럼 키가 크고 모자를 쓰고 있고, 정장을 입고 있는 분은요?

마사키　그분은 사장님이에요.

수지　사장님이요? 전혀 몰랐어요.

마사키　같이 인사하러 갑시다.

06 日本に行ったことがありますか。

수지　마사키 씨는 한국에 가본 적이 있나요?

마사키　네, 가본 적 있어요.

수지　어디에 갔나요?

마사키　서울과 부산에 갔어요.

수지　서울은 어땠어요?

마사키　사람이 많았지만, 정말 즐거웠어요.

수지　부산은 어땠어요?

마사키　밥이 맛있고, 바다가 예뻤어요.
　그건 그렇고 수지 씨는 일본에 가본 적이 있나요?

수지　네, 가본 적이 있어요.

마사키　홋카이도에 가본 적이 있나요?

수지　아니요, 한 번도 가본 적이 없어요.

마사키　일본 어디에 가본 적이 있나요?

수지　도쿄에는 몇 번이나 간 적이 있어요.
　오사카, 교토에는 한 번만 가 봤어요.

07 一人暮らしがしたいです。

마사키　어떤 때에 한국에 있는 가족이 보고 싶다고 생각해요?

수지　집에 혼자 있을 때, 보고 싶은 것 같아요.
　그래도 향수병은 아니에요.

마사키　그렇다면 다행이네요.

수지　마사키 씨는 혼자 사세요?

마사키　아니요, 가족들과 같이 살고 있어요. 저도 혼자 살아보고 싶어요.

수지　어째서 자취하고 싶은가요?

마사키　자유로운 시간을 원하니까요.

수지　자유 말인가요? 마사키 씨의 부모님은 엄한가요?

마사키　어머니가 조금 엄하세요.
　주말에도 일찍 일어났으면, 뒹굴뒹굴하지 않았으면 좋겠다고 하세요.

수지　어머니는 일본도 한국도 똑같은가 보네요.
　아~ 저는 엄마가 보고 싶어요.

08 健康のために何かしていますか。

마사키　수지 씨, 최근에 건강해졌네요.
　건강을 위해서 뭔가 하고 있나요?

수지　요즘 체중이 줄지 않아서 고민이에요.
　그래서, 과자를 먹지 않고 운동하기로 했어요.
　마사키 씨는 건강을 위해서 뭔가 하고 있어요?

마사키　스트레스가 건강에 제일 나쁘다고 들었기 때문에 스트레스를 해소하기 위해 술을 마시고 있어요.

수지　술은 어느 정도 마시나요?

마사키　음~ 매일 캔맥주를 두 캔 정도 마셔요.

수지　네? 매일이요? 그건 많네요.
　저희 아버지가 술을 너무 마셔서 입원하게 되었거든요.

마사키　그래요? 스트레스 해소를 위해 마시는 건데….
　갑자기 걱정됐어요. 오늘부터 술은 조금만 마시는 걸로 하겠어요.

09 聞き取れる日本語が多くなりました。

마사키 수지 씨, 전보다 일본어가 늘었네요.

수지 정말요? 기뻐요.

전보다, 알아들을 수 있는 일본어가 많아진 것 같아요.

마사키 어떤 노력을 했나요?

수지 일본어 동영상을 자주 보고 있어요.

그리고 집에 혼자 있을 때도 일본어로 말하고 있어요.

마사키 대단하네요.

역시, 계속 노력하면 잘하게 되는군요.

수지 그러고 보니, 마사키 씨의 한국어는 어때요?

벌써 한글을 외웠나요?

마사키 아직 못 외웠어요.

수지 아직인가요?

마사키 농담이에요. 이미 다 외웠습니다.

수지 마사키 씨, 외국어는 연습하면 늘어요.

마사키 저도 그렇게 생각해요.

수지 자, 우리 한국어로 이야기를 해 볼까요?

(도망가면서)

마사키 미안해요, 지금 서류를 만들고 있던 참이에요

10 旅館までどうやって行きますか。

(오사카역에서 료칸에 전화하다)

료칸 직원 네, 교토료칸입니다.

수지 저, 실례합니다. 지금 오사카역에 있는데요.

료칸까지 어떻게 가나요?

료칸 직원 오사카역에서 JR 교토행 특급열차를 타고 교토역까지 갑니다.

교토역에서 8번 버스로 갈아타서 세 번째 버스정류장에서 내려 주세요.

버스에서 내리면 맞은편에 료칸이 있습니다.

수지 네, 알겠습니다. 어느 정도 걸리나요?

료칸 직원 50분 정도 걸립니다.

수지 감사합니다.

(버스를 내리고 나서 여관에 전화하다)

료칸 직원 네, 교토료칸입니다.

수지 저, 아까 전에 전화했던 사람인데요, 교토역에서 8번 버스를 타고 세 번째 버스 정류장에서 내렸어요. 여기에서 료칸까지 어떻게 가나요?

료칸 직원 지금, 횡단보도가 보이세요? 그 횡단보도를 건너서 오른쪽으로 조금만 가면 왼쪽에 료칸이 보일 겁니다.

수지 횡단보도를 건너서 오른쪽으로 조금 가면 왼쪽이군요.

알겠습니다. 감사합니다.

11 父がくれた時計です。

수지 마사키 씨가 차고 있는 시계, 아주 멋지네요.

마사키 이거 말인가요?

이 시계는 생일에 아버지가 주신 거예요.

수지 아주 잘 어울려요.

아버지가 선물을 고르는 센스가 좋으시네요.

그건 그렇고, 마사키 씨의 생일은 언제인가요?

마사키 제 생일은 9월 4일입니다.

수지 곧 머지않았네요. 뭔가 갖고 싶은 것이 있나요?

비싼 것은 무리이지만….

마사키 음~, 특별히 없어요.

선물이라면 뭘 받아도 기뻐요.

수지 정말요? 그럼 제가 백과사전을 줘도 기쁜가요?

마사키 아, 그건 좀… 곤란해요.

수지 그러면 갖고 싶은 선물을 생각해 두세요.

12 日本の結婚式で気を付けなければならないことはありますか。

수지 마사키 씨, 다음 달 일본인 친구 결혼식에 가게 되었어요.

마사키 그런가요? 일본의 결혼식은 처음이에요?

수지 네. 일본의 결혼식에서 주의해야 할 것이 있나요?

마사키 글쎄요. 결혼식 후의 피로연에서는 자리가 정해져 있으니까 지정석에 앉아야 해요.

수지 그래요? 한국에서는 자유롭게 앉아도 돼요.

그 밖에도 있나요?

마사키 일본의 결혼식에서는 도중에 가서는 안 됩니다.

수지 예식이 끝날 때까지 있어야 하는군요.

한국의 결혼식은 마지막까지 있지 않아도 돼요.
문화가 달라서 재미있네요.

13 ストレスを発散した方がいいですよ。

마사키	무슨 일이에요? 기운이 없네요.
수지	일로 스트레스가 쌓여서, 컨디션이 나빠져 버렸어요.
마사키	그건 안됐군요. 어딘가로 가서 기분 전환하면 어때요?
수지	어디 좋은 곳이 있나요?
마사키	글쎄요. 옆 동네에 바다가 있는데요, 바다는 어때요?
수지	좋네요. 가고 싶어요! 여기에서 가기 쉬운가요?
마사키	버스를 타면 가기 편하지만, 전철을 타면 좀 가기 어려운 것 같아요.
	바다에서 한가로이 보내며 스트레스 해소하는 편이 좋겠어요.
수지	네. 바다에 가서 기분전환하고 올게요.
마사키	아, 그리고….
	바다에 가면 일에 관한 건 생각하지 않는 게 좋아요.

14 この映画、今ランキング1位だそうです。

(영화관에서 포스터를 보면서)

마사키	신작 영화 포스터군요.
수지	이 영화, 지금 랭킹 1위래요.
마사키	인기가 있나 보네요. 어떤 장르의 영화인가요?
수지	서스펜스에요.
	아주 조마조마하다고 해요.
마사키	재미있을 것 같아요.
	(포스터를 손가락으로 가리키며)
	이 사람이 범인이라고 생각해요.
수지	네? 아직 영화를 보지도 않았는데 어떻게 아는 건가요?
마사키	상냥해 보이지만, 사실은 무서운 사람이라고 생각해요. 영화 속에서는 항상 상냥해 보이는 사람이

범인이니까요.

수지	마치 형사 같네요.
마사키	수지 씨, 이 영화를 봅시다.

15 英語と韓国語が少し話せます。

수지	마사키 씨는 외국어를 할 줄 아세요?
마사키	영어와 한국어를 조금 할 수 있어요.
수지	저도 영어는 조금, 일본어는…
마사키	일본어는 상당한 수준이죠.
수지	그렇지 않아요.
마사키	일본어로 일을 할 수 있고, 일본에서 생활도 가능하고, 대단해요!
수지	그런가요? 감사합니다. 그런데 한자는 아직 어려워요.
마사키	한자요?
수지	네. 한자를 보면 왠지 모르게 뜻은 알겠는데, 읽지 못해서.
마사키	뜻을 아는 것만으로도 대단하죠.
	한자는 (많이) 읽으면 읽을수록, (더 잘) 읽을 수 있게 되지요.
수지	학생 때, 한자 공부를 했으면 좋았을 걸.
마사키	초조해하지 말고, 조금씩 공부하면 돼요.

16 結婚しても仕事を続けたいです。

마사키	수지 씨는 결혼하고 싶다고 생각해요?
수지	갑작스럽게 무슨 일이에요?
마사키	요즘, 결혼하고 싶다는 사람이 적어졌다고 해요.
수지	그래요? 저는 언젠가 결혼하고 싶어요.
마사키	수지 씨는 결혼하면 일을 그만둘 생각인가요?
수지	아니요, 저는 결혼해도 일을 계속하고 싶어요.
	지금 하는 일이 매우 즐거워서요.
마사키	언제나 일에 열심인 수지 씨답군요.
수지	마사키 씨는 어때요?
마사키	저도 언젠가 결혼하고 싶어요. 만약 결혼한다면 큰 집을 사서 가족들 모두와 정원에서 바비큐를 하는 것이 꿈이에요.
수지	와~ 정원에서 바비큐! 즐겁겠네요.

17 ミスをして上司に叱られました。

마사키	수지 씨, 기운이 없군요.
수지	상사에게 혼났거든요.
마사키	그건 힘들었겠네요. 어째서 혼난 거예요?
수지	거래처에 보낸 서류에 실수가 있어서….
마사키	그래서 혼난 거군요.
	그런데, 그 상사는 부장님 말인가요?
수지	네, 맞아요.
마사키	부장님은 수지 씨를 자주 칭찬해요.
수지	그건 아니에요.
	부장님에게 자주 혼난다거나 주의를 받는다거나 하니까요.
마사키	부장님은 수지 씨에게 일을 곧잘 시키나요?
수지	네. 아까도 새로운 기획에 참여했으면 좋겠다고 말씀하셨어요.
마사키	부장님은 수지 씨에게 기대하고 있는 것 같아요.
수지	그런 건가요? 기쁘네요!
마사키	부장님은 일을 못 하는 사람에게 일을 시키지 않으니까요.
수지	마사키 씨 고마워요.
	덕분에, 기운이 났어요.

18 部屋のドアが開いていますよ。

(수지와 동료 다나카 씨가 마사키의 집에 놀러 가다)

마사키	수지 씨, 다나카 씨, 어서 오세요.
	들어 오세요.
수지/다나카	실례합니다.
다나카	우와~ 마사키 씨의 방, 깨끗하군요.
마사키	그렇지 않아요. 평범해요.
수지	방 문이 열려 있네요.
마사키	아, 고양이가 있어서 열어 둔 거예요.
수지	고양이는 키워본 적이 없지만, 키워 본다면 귀엽겠죠?
마사키	아뇨, 서희 집 고양이는 징난꾸러기라서….
	자고 있을 때가 제일 귀여울지도 몰라요.
다나카	반려동물을 기르는 게 간단하지는 않지요.

01 アイスとホットとどちらがいいですか。

練習しましょう Ⓐ

1

❶ まさき　犬と猫とどちらが好きですか。
　 スジ　　私は　　　の方が好きです。
　 まさき　どうしてですか。
　 スジ　　　　　ですから。

❷ まさき　ソウルとプサンとどちらが好きですか。
　 スジ　　私は　　　の方が好きです。
　 まさき　どうしてですか。
　 スジ　　　　　ですから。

❸ まさき　コーヒーとコーラとどちらが好きですか。
　 スジ　　私は　　　の方が好きです。
　 まさき　どうしてですか。
　 スジ　　　　　ですから。

❹ まさき　お金持ちときれいな人（かっこいい人）とどちらが好きですか。
　 スジ　　私は　　　の方が好きです。
　 まさき　どうしてですか。
　 スジ　　　　　ですから。

2

❶ まさき　バナナといちごとりんごの中で何が一番甘いですか。
　 スジ　　　　　が一番甘いです。

❷ まさき　地下鉄とバスとタクシーの中で何が一番便利ですか。

　 スジ　　　　　が一番便利です。

❸ まさき　サッカーと野球とバスケットボールの中で何が一番おもしろいですか。
　 スジ　　　　　が一番おもしろいです。

3

❶ まさき　動物の中で何が一番好きですか。
　 スジ　　　　　が一番好きです。
　 まさき　嫌いな動物は何ですか。
　 スジ　　　　　が嫌いです。

❷ まさき　季節の中でいつが一番好きですか。
　 スジ　　　　　が一番好きです。
　 まさき　どうしてですか。
　 スジ　　　　　から。

❸ まさき　果物の中で何が一番好きですか。
　 スジ　　　　　が一番好きです。
　 まさき　その果物はいつがおいしいですか。
　 スジ　　　　　がおいしいです。

❹ まさき　韓国の中でどこが一番好きですか。
　 スジ　　　　　が一番好きです。
　 まさき　どうしてですか。
　 スジ　　　　　から。

チェックポイント Ⓑ

❶ ろっぴゃくにじゅうご

❷ せんきゅうひゃくはちじゅう

❸ さんぜんさんびゃくろくじゅう

❹ いちまんはっせんはっぴゃく

練習しましょう B

1

❶ 店員 いらっしゃいませ。ご注文は?

スジ チーズケーキとアイスをひとつずつ。
それからコーヒーふたつください。

店員 チーズケーキとアイスをひとつずつ、
コーヒーふたつですね。
以上でよろしいですか。

スジ はい。

店員 全部でせんろっぴゃくろくじゅう円
です。

スジ にせん円でお願いします。

店員 はい、さんびゃくよんじゅう円のお返し
です。ありがとうございます。

❷ 店員 いらっしゃいませ。ご注文は?

スジ ピザとコーラをふたつずつください。

店員 ピザとコーラをふたつずつですね。
以上でよろしいですか。

スジ はい。

店員 全部でにせんななひゃくよんじゅう円
です。

スジ ごせん円でお願いします。

店員 はい、にせんにひゃくろくじゅう円のお
返しです。ありがとうございます。

❸ 店員 いらっしゃいませ。ご注文は?

スジ ハンバーグひとつ、パスタふたつ。
それからサラダひとつください。

店員 ハンバーグひとつ、パスタふたつ、サラ
ダひとつですね。
以上でよろしいですか。

スジ はい。

店員 全部でさんぜんななひゃくさんじゅう
円です。

スジ よんせん円でお願いします。

店員 はい、にひゃくななじゅう円のお返しで
す。ありがとうございます。

❹ 店員 いらっしゃいませ。ご注文は?

スジ ステーキとハンバーグをふたつずつ。
それからコーラみっつください。

店員 ステーキとハンバーグをふたつずつ、
コーラみっつですね。
以上でよろしいですか。

スジ はい。

店員 全部でななせんよんひゃくろくじゅう
円です。

スジ いちまん円でお願いします。

店員 はい、にせんごひゃくよんじゅう円のお
返しです。ありがとうございます。

02 何人兄弟ですか。

練習しましょう A

1

❶ スジ 猫はどこにいますか。

まさき 猫はいすの上にいます。

❷ スジ 猫はどこにいますか。

まさき 猫はテレビの前にいます。

❸ スジ 猫はどこにいますか。

まさき 猫はかばんの中にいます。

❹ スジ 猫はどこにいますか。

まさき 猫は人の横(そば)にいます。

2

❶ ス ジ　ケータイはどこにありますか。
　　まさき　右のいすの上にあります。

❷ ス ジ　ケータイはどこにありますか。
　　まさき　ベッドの上のスーツケースの中にあります。

❸ ス ジ　ケータイはどこにありますか。
　　まさき　窓の前の本の左にあります。

❹ ス ジ　ケータイはどこにありますか。
　　まさき　机の上のメガネと本の間にあります。

練習しましょう Ⓑ

1

❶ まさき　スジさんは何人家族ですか。
　　ス ジ　私は、祖母と父と母と弟と私の五人家族です。

　　　　　　まさきさんは？
　　まさき　私は、父と母と姉と妹と私の五人家族です。

❷ まさき　スジさんは何人家族ですか。
　　ス ジ　私は、父と母と姉二人[二人の姉]と私の五人家族です。

　　　　　　まさきさんは？
　　まさき　私は、祖父と母と兄と私の四人家族です。

❸ まさき　スジさんは何人家族ですか。
　　ス ジ　私は、夫と娘と私の三人家族です。

　　　　　　まさきさんは？
　　まさき　私は、妻と息子二人[二人の息子]と私の四人家族です。

2

❶ まさき　お父さんはどんな方ですか。
　　ス ジ　頑固ですけど、優しいです。
　　まさき　お姉さんはどんな方ですか。
　　ス ジ　明るくて、真面目です。

❷ まさき　弟さんはどんな方ですか。
　　ス ジ　いたずらっ子ですけど、かわいいです。
　　まさき　妹さんはどんな方ですか。
　　ス ジ　人気者で、友達が多いです。

❸ まさき　ご主人はどんな方ですか。
　　ス ジ　ゴルフが好きですけど、下手です。
　　まさき　息子さんはどんな方ですか。
　　ス ジ　頭がよくて、親切です。

03 授業は何時からですか。

練習しましょう Ⓐ

1

❶ まさき　アルバイトは何時から何時までですか。
　　ス ジ　午後4時から7時までです。
　　まさき　その後で何をしますか。
　　ス ジ　友達に会います。

❷ まさき　昼休みは何時から何時までですか。
　　ス ジ　１２時から１時半（３０分）までです。
　　まさき　その後で何をしますか。
　　ス ジ　コーヒーを飲みます。

❸ まさき　会議は何時から何時までですか。
　　ス ジ　午前8時40分から11時50分までです。
　　まさき　その後で何をしますか。
　　ス ジ　昼ご飯を食べます。

❹ まさき 映画は何時から何時までですか。
　スジ 午後7時10分から9時20分までです。
　まさき その後で何をしますか。
　スジ 家に帰ります。

練習しましょう Ⓑ

1

❶ まさき 寝る前に何をしますか。
　スジ そうですね。寝る前に音楽を聞きます。
❷ まさき 友達が来る前に何をしますか。
　スジ そうですね。友達が来る前に掃除をします。
❸ まさき デートの前に何をしますか。
　スジ そうですね。デートの前に化粧をします。
❹ まさき 食事の前に何をしますか。
　スジ そうですね。食事の前に手を洗います。

2

❶ スジ 今日は何をしますか。
　まさき 友達に会ってから図書館に行きます。
　スジ その後で何をしますか。
　まさき 勉強をした後で授業を受けます。
❷ スジ 今日は何をしますか。
　まさき 歯を磨いてから顔を洗います。
　スジ その後で何をしますか。
　まさき 服を着た後で出かけます。
❸ スジ 今日は何をしますか。
　まさき ご飯を食べてから泳ぎます。
　スジ その後で何をしますか。
　まさき シャワーを浴びた後で休みます。
❹ スジ 今日は何をしますか。

まさき 仕事が終わってから恋人に会います。
スジ その後で何をしますか。
まさき 映画を見た後でご飯を食べます。

04 週末何をする予定ですか。

練習しましょう Ⓐ

1

❶ スジ 土曜日一緒に公園へ散歩に行きませんか。
　まさき いいですね。行きましょう。
　　楽しみにしています。
❷ スジ 土曜日一緒に居酒屋へお酒を飲みに行きませんか。
　まさき いいですね。行きましょう。
　　楽しみにしています。
❸ スジ 土曜日一緒に遊園地へ遊びに行きませんか。
　まさき いいですね。行きましょう。
　　楽しみにしています。
❹ スジ 土曜日一緒に日本へ旅行に行きませんか。
　まさき いいですね。行きましょう。
　　楽しみにしています。

2

❶ まさき よかったら、一緒に映画を見に行きませんか。
　スジ いいですね。行きましょう。何時にしましょうか。
　まさき 4時はどうですか。

スジ　いいですね。ではどこで会いましょうか。

まさき　映画館の前で会いましょう。

❷ まさき　よかったら、一緒にご飯を食べに行きませんか。

スジ　いいですね。行きましょう。何時にしましょうか。

まさき　7時はどうですか。

スジ　いいですね。ではどこで会いましょうか。

まさき　店の前で会いましょう。

❸ まさき　よかったら、一緒に登山[山登り/山に登り]に行きませんか。

スジ　いいですね。行きましょう。何時にしましょうか。

まさき　9時はどうですか。

スジ　いいですね。ではどこで会いましょうか。

まさき　駅で会いましょう。

❹ まさき　よかったら、一緒にコーヒーを飲みに行きませんか。

スジ　いいですね。行きましょう。何時にしましょうか。

まさき　12時はどうですか。

スジ　いいですね。ではどこで会いましょうか。

まさき　カフェの前で会いましょう。

練習しましょう Ⓑ

1

【月曜日午後】

まさき　スジさん、月曜日の午後は何をしますか。

スジ　カフェでコーヒーを飲もうと思っています。

【火曜日】

まさき　スジさん、火曜日の午前は何をしますか。

スジ　料理を作ろうと思っています。

まさき　スジさん、火曜日の午後は何をしますか。

スジ　友達に会おうと思っています。

【水曜日】

まさき　スジさん、水曜日の午前は何をしますか。

スジ　日本語を習おうと思っています。

まさき　スジさん、水曜日の午後は何をしますか。

スジ　プールで泳ごうと思っています。

【木曜日】

まさき　スジさん、木曜日の午前は何をしますか。

スジ　犬と遊ぼうと思っています。

まさき　スジさん、木曜日の午後は何をしますか。

スジ　映画を見ようと思っています。

【金曜日】

まさき　スジさん、金曜日の午前は何をしますか。

スジ　課題を出そうと思っています。

まさき　スジさん、金曜日の午後は何をしますか。

スジ　お酒を飲もうと思っています。

【週末】

まさき　スジさん、週末の午前は何をしますか。

スジ　家で休もうと思っています。

まさき　スジさん、週末の午後は何をしますか。

スジ　アルバイトをしようと思っています。

05 帽子をかぶっている人が社長です。

練習しましょう Ⓐ

1

かなさんは犬の散歩をしています。
キムさんはベンチに座っています。
まことさんは踊りを踊っています。
パクさんは友達と話をしています。
鈴木さんはお弁当を食べています。
伊藤さんは歌を歌っています。
イさんはタバコを吸っています。
田中さんは自転車に乗っています。
ソンさんは音楽を聞いています。
佐藤さんはベンチに座って寝ています。
中野さんは水を飲んでいます。
みきさんは写真を撮っています。
ミンさんは歩いています。
チェさんは絵を描いています。
あいさんは新聞を読んでいます。
たろうさんは待っています。
さおりさんはギターを弾いています。

練習しましょう Ⓑ

1

❶ まさき　パクさんはどんな方ですか。
　 ス ジ　帽子をかぶっています。
❷ まさき　パクさんはどんな方ですか。
　 ス ジ　メガネをかけています。
❸ まさき　パクさんはどんな方ですか。
　 ス ジ　ネクタイを締めています。

❹ まさき　パクさんはどんな方ですか。
　 ス ジ　ズボンを履いています。

2

❶ ス ジ　どうしたんですか。
　 まさき　仕事が忙しすぎて、大変です。
❷ ス ジ　どうしたんですか。
　 まさき　暇すぎて、眠いです。
❸ ス ジ　どうしたんですか。
　 まさき　食べすぎて、太りました。
❹ ス ジ　どうしたんですか。
　 まさき　問題が難しすぎて、わかりません。

06 日本に行ったことがありますか。

チェックポイント Ⓐ

❶ 雨でしたか。
　いいえ、雨じゃありませんでした(じゃなかった
　です)。
❷ 暇でしたか。
　いいえ、暇じゃありませんでした(じゃなかった
　です)。
❸ 高かったですか。
　いいえ、高くありませんでした(くなかったです)。
❹ 会社に行きましたか。
　いいえ、行きませんでした。

練習しましょう Ⓐ

1

❶ ス ジ　まさきさん、土曜日何をしましたか。
　 まさき　キャンプをしました。
　 ス ジ　キャンプはどうでしたか。

まさき 不便でしたけど、楽しかったです。

❷ スジ まさきさん、昨日何をしましたか。

まさき カフェへ行きました。

スジ カフェはどうでしたか。

まさき コーヒーはおいしかったですけど、うる
さかったです。

❸ スジ まさきさん、連休は何をしましたか。

まさき ハンガンで自転車に乗りました。

スジ ハンガンはどうでしたか。

まさき 人が多くて、にぎやかでした。

❹ スジ まさきさん、誕生日に何をしましたか。

まさき ケーキを食べました。

スジ ケーキはどうでしたか。

まさき 甘くて、おいしかったです。

練習しましょう Ⓑ

1

❶ スジ まさきさんは芸能人を見たことがあり
ますか。

まさき はい、芸能人を見たことがあります。
いいえ、一度も芸能人を見たことがあ
りません。

❷ スジ まさきさんは富士山に登ったことがあ
りますか。

まさき はい、富士山に登ったことがあります。
いいえ、一度も富士山に登ったことが
ありません。

❸ スジ まさきさんはペットを飼ったことがあり
ますか。

まさき はい、ペットを飼ったことがあります。
いいえ、一度もペットを飼ったことが
ありません。

❹ スジ まさきさんは宝くじに当たったことが
ありますか。

まさき はい、宝くじに当たったことがありま
す。
いいえ、一度も宝くじに当たったこと
がありません。

2

❶ まさき スキーをしたことがありますか。

スジ はい、一度だけスキーをしたことがあ
ります。

まさき いつですか。

スジ 高校生の時です。

まさき どうでしたか。

スジ   。

❷ まさき 外国人と話したことがありますか。

スジ はい、一度だけ外国人と話したことが
あります。

まさき いつですか。

スジ 1年前です。

まさき どうでしたか。

スジ   。

❸ まさき コンビニで働いたことがありますか。

スジ はい、一度だけコンビニで働いたこと
があります。

まさき いつですか。

スジ 大学生の時です。

まさき どうでしたか。

スジ   。

❹ まさき ラブレターをもらったことがありますか。

スジ はい、一度だけラブレターをもらった
ことがあります。

まさき　いつですか。

スジ　覚(おぼ)えていません。

まさき　どうでしたか。

スジ　�–ˆ�–ˆ�–ˆ▢▢▢▢▢。

07 一人暮(ひとり ぐ)らしがしたいです。

チェックポイント Ⓐ

❶ スジ　暑(あつ)いですね。

　　まさき　そうですね。涼(すず)しいところに行(い)きたい
　　　　　　ですね。

❷ スジ　明日(あした)は休(やす)みですね。

　　まさき　そうですね。遅(おそ)くまで寝(ね)たいですね。

❸ スジ　お腹(なか)が空(す)きましたね。

　　まさき　そうですね。何(なに)か食(た)べたいですね。

❹ スジ　疲(つか)れましたね。

　　まさき　そうですね。家(いえ)に帰(かえ)りたいですね。

練習しましょう Ⓐ

▣1

❶ スジ　もうすぐ休(やす)みですね。何(なに)かしたいこと
　　　　　はありますか。

　　まさき　疲(つか)れていますから、家(いえ)でゴロゴロした
　　　　　　いです。

❷ スジ　もうすぐ休(やす)みですね。何(なに)かしたいこと
　　　　　はありますか。

　　まさき　新(あたら)しい本(ほん)を買(か)いましたから、本(ほん)を(が)
　　　　　　読(よ)みたいです。

❸ スジ　もうすぐ休(やす)みですね。何(なに)かしたいこと
　　　　　はありますか。

まさき　ストレスが溜(た)まっていますから、歌(うた)を
　　　　(が)歌(うた)いたいです。

❹ スジ　もうすぐ休(やす)みですね。何(なに)かしたいこと
　　　　　はありますか。

　　まさき　運動(うんどう)をしていませんから、運動(うんどう)を(が)し
　　　　　　たいです。

▣2

❶ スジ　誕生日(たんじょう び)プレゼントは何(なに)がほしいですか。

　　まさき　ノートパソコンがほしいです。

　　スジ　どうしてですか。

　　まさき　▢▢▢▢からです。

❷ スジ　誕生日(たんじょう び)プレゼントは何(なに)がほしいですか。

　　まさき　スニーカーがほしいです。

　　スジ　どうしてですか。

　　まさき　▢▢▢▢からです。

❸ スジ　誕生日(たんじょう び)プレゼントは何(なに)がほしいですか。

　　まさき　お金(かね)がほしいです。

　　スジ　どうしてですか。

　　まさき　▢▢▢▢からです。

❹ スジ　誕生日(たんじょう び)プレゼントは何(なに)がほしいですか。

　　まさき　自転車(じ てんしゃ)がほしいです。

　　スジ　どうしてですか。

　　まさき　▢▢▢▢からです。

練習しましょう Ⓑ

▣1

❶ スジ　娘(むすめ)が勉強(べんきょう)しません。

　　まさき　そうですか。

　　スジ　それで、娘(むすめ)に勉強(べんきょう)してほしいです。

❷ スジ　友達(ともだち)が話(はなし)を聞(き)きません。

　　まさき　そうですか。

スジ　それで、友達に話を聞いてほしいです。

❸ スジ　息子がずっと遊んでいます。

まさき　そうですか。

スジ　それで、息子に遊ばないでほしいです。

❹ スジ　先生が早く話します。

まさき　そうですか。

スジ　それで、先生に早く話さないでほしいです。

2

❶ まさき　誰に会ってみたいですか。

スジ　そうですね、ぜひ　　　　に会ってみたいです。

まさき　会って何を(が)したいですか。

スジ　　　　　たいです。

❷ まさき　日本で何をしてみたいですか。

スジ　そうですね、ぜひ　　　　たいです。

まさき　どうしてですか。

スジ　　　　　からです。

❸ まさき　どこに行ってみたいですか。

スジ　そうですね、ぜひ　　　　に行ってみたいです。

まさき　そこで何を(が)したいですか。

スジ　　　　　たいです。

❹ まさき　どんなスポーツを習ってみたいですか。

スジ　そうですね、ぜひ　　　　を習ってみたいです。

まさき　どうしてですか。

スジ　　　　　からです。

08 健康のために何かしていますか。

練習しましょう Ⓐ

1

❶ スジ　まさきさんは宿題をして寝ますか。

まさき　はい、宿題をして寝ます。

いいえ、宿題をしないで寝ます。

スジ　まさきさんは歯を磨いて寝ますか。

まさき　はい、歯を磨いて寝ます。

いいえ、歯を磨かないで寝ます。

スジ　まさきさんは本を読んで寝ますか。

まさき　はい、本を読んで寝ます。

いいえ、本を読まないで寝ます。

スジ　まさきさんは薬を飲んで寝ますか。

まさき　はい、薬を飲んで寝ます。

いいえ、薬を飲まないで寝ます。

❷ まさき　スジさんはご飯を食べて会社に行きますか。

スジ　はい、ご飯を食べて会社に行きます。

いいえ、ご飯を食べないで会社に行きます。

まさき　スジさんは運動して会社に行きますか。

スジ　はい、運動して会社に行きます。

いいえ、運動しないで会社に行きます。

まさき　スジさんは日本語を勉強して会社に行きますか。

スジ　はい、日本語を勉強して会社に行きます。

いいえ、日本語を勉強しないで会社に行きます。

まさき スジさんはコーヒーを飲んで会社に行きますか。

スジ はい、コーヒーを飲んで会社に行きます。

いいえ、コーヒーを飲まないで会社に行きます。

練習しましょう Ⓑ

1

❶ スジ 週末の予定は決まりましたか。

まさき 家でゴロゴロすることにしました。

❷ スジ 来週の予定は決まりましたか。

まさき 友達に会うことにしました。

❸ スジ 連休の予定は決まりましたか。

まさき 温泉に入る[温泉に行く]ことにしました。

❹ スジ 冬休みの予定は決まりましたか。

まさき スキーをすることにしました。

2

❶ まさき 会議の結果はどうなりましたか。

スジ ペットを飼わないことになりました。

❷ まさき 会議の結果はどうなりましたか。

スジ 朝ごみを捨てることになりました。

❸ まさき 会議の結果はどうなりましたか。

スジ 大きな音を出さないことになりました。

❹ まさき 会議の結果はどうなりましたか。

スジ 駐車場で車は自分のところに止めることになりました。

09 聞き取れる日本語が多くなりました。

練習しましょう Ⓐ

1

❶ まさき 弟さんはどうなりましたか。

スジ 前は学生でしたけど、今は社会人になりました。

❷ まさき 日本語はどうなりましたか。

スジ 前は下手でしたけど、今は上手になりました。

❸ まさき 店はどうなりましたか。

スジ 前はお客さんが少なかったですけど、今はお客さんが多くなりました。

❹ まさき 二人はどうなりましたか。

スジ 前は仲がよくなかったですけど、今は仲がよくなりました。

2

❶ まさき 運動をすると、どうなりますか。

スジ 健康になります。

❷ まさき 飛行機に乗ると、どうなりますか。

スジ 耳が痛くなります。

❸ まさき 誕生日が来ると、どうなりますか。

スジ 二十歳になります。

❹ まさき お酒を飲むと、どうなりますか。

スジ 顔が赤くなります。

練習しましょう Ⓑ

1

❶ スジ もう宿題をしましたか。

まさき はい、もうしました。

いいえ、まだしていません。

❷ ス ジ　もう先生に会いましたか。

まさき　はい、もう会いました。

いいえ、まだ会っていません。

❸ ス ジ　もう病院に行きましたか。

まさき　はい、もう行きました。

いいえ、まだ行っていません。

❹ ス ジ　もうプレゼントを買いましたか。

まさき　はい、もう買いました。

いいえ、まだ買っていません。

2

❶ まさき　もしもし、今何をしていますか。

ス ジ　ちょうど今、掃除をしているところです。

まさき　そうですか。じゃあ、また後で電話をかけますね。

❷ まさき　もしもし、今何をしていますか。

ス ジ　ちょうど今、レポートを書いているところです。

まさき　そうですか。じゃあ、また後で電話をかけますね。

❸ まさき　もしもし、今何をしていますか。

ス ジ　ちょうど今、友達に会っているところです。

まさき　そうですか。じゃあ、また後で電話をかけますね。

❹ まさき　もしもし、今何をしていますか。

ス ジ　ちょうど今、家に帰っているところです。

まさき　そうですか。じゃあ、また後で電話をかけますね。

10 旅館までどうやって行きますか。

練習しましょう Ⓐ

1

❶ A　家からNソウルタワーまで、どうやって行きますか。

B　家から歩いてソウル大入口駅まで行って地下鉄2号線に乗って舎堂駅で地下鉄4号線に乗り換えて明洞駅まで行きます。

A　どのぐらいかかりますか。

B　６０分(1時間)ぐらいかかります。

❷ A　家から景福宮まで、どうやって行きますか。

B　家から歩いて蚕室駅まで行って地下鉄2号線に乗って乙支路3街駅で地下鉄3号線に乗り換えて景福宮駅まで行きます。

A　どのぐらいかかりますか。

B　５０分ぐらいかかります。

❸ A　ホテルから空港まで、どうやって行きますか。

B　ホテルから歩いてホテル近くのバス停まで行って空港行きのバスに乗って空港のバス停まで行きます。

A　どのぐらいかかりますか。

B　1時間半ぐらいかかります。

❹ A　ここから海雲台海水浴場まで、どうやって行きますか。

B　ここから歩いて釜山駅まで行って地下鉄1号線に乗って西面駅で地下鉄2号線に乗り換えて海雲台駅まで行きます。

A　どのぐらいかかりますか。

B　６０分(1時間)ぐらいかかります。

練習しましょう B

1

❶ ス　ジ　ここからバス停までどうやって行きますか。

　　まさき　ここから突き当たりまでまっすぐ行くとバス停があります。

　　ス　ジ　ありがとうございます。

❷ ス　ジ　ここからバス停までどうやって行きますか。

　　まさき　まっすぐ行って三つ目の交差点を右に曲がって少し行くと一つ目の交差点の角にあります。

　　ス　ジ　ありがとうございます。

❸ ス　ジ　ここからバス停までどうやって行きますか。

　　まさき　まっすぐ行って二つ目の交差点を左に曲がってまっすぐ行くと二つ目の交差点の角にあります。

　　ス　ジ　ありがとうございます。

❹ ス　ジ　ここからバス停までどうやって行きますか。

　　まさき　ここからまっすぐ行って橋を渡ります。一つ目の交差点を右に曲がって、交差点をまっすぐ行くと左にあります。

　　ス　ジ　ありがとうございます。

11 父がくれた時計です。

練習しましょう Ⓐ

1

❶ A　くみさんはパクさんに何をあげましたか。

　 B　くみさんはパクさんにかばんをあげました。

　 A　パクさんはくみさんに何をもらいましたか。

　 B　パクさんはくみさんにかばんをもらいました。

❷ A　あなたはパクさんに何をあげましたか。

　 B　私はパクさんにチョコレートをあげました。

❸ A　まいさんはあなたに何をくれましたか。

　 B　まいさんは私にみかんをくれました。

　 A　あなたはまいさんに何をもらいましたか。

　 B　私はまいさんにみかんをもらいました。

❹ A　お兄さんはまいさんに何をあげましたか。

　 B　兄はまいさんにあめをあげました。

❺ A　あなたはお兄さんに何をあげましたか。

　 B　私は兄にケータイをあげました。

❻ A　あいさんはあなたに何をくれましたか。

　 B　あいさんは私にジュースをくれました。

　 A　あなたはあいさんに何をもらいましたか。

　 B　私はあいさんにジュースをもらいました。

❼ A　あゆさんはあいさんに何をあげましたか。

　 B　あゆさんはあいさんに花束をあげました。

　 A　あいさんはあゆさんに何をもらいましたか。

　 B　あいさんはあゆさんに花束をもらいました。

❽ A　キムさんはあなたに何をくれましたか。

　 B　キムさんは私にクッキーをくれました。

　 A　あなたはキムさんに何をもらいましたか。

　 B　私はキムさんにクッキーをもらいました。

⑨ A キムさんはイさんに何をあげましたか。

　B キムさんはイさんにスニーカーをあげました。

　A イさんはキムさんに何をもらいましたか。

　B イさんはキムさんにスニーカーをもらいました。

⑩ A イさんはお兄さんに何をくれましたか。

　B イさんは兄に本をくれました。

　A お兄さんはイさんに何をもらいましたか。

　B 兄はイさんに本をもらいました。

練習しましょう Ⓑ

1

❶ A あなたは弟さんに何をしてあげましたか。

　B 私は弟にお菓子を買ってあげました。

❷ A イさんはあなたに何をしてくれましたか。

　B イさんは私に友達を紹介してくれました。

　A あなたはイさんに何をしてもらいましたか。

　B 私はイさんに友達を紹介してもらいました。

❸ A パクさんはイさんに何をしてあげましたか。

　B パクさんはイさんに仕事を教えてあげました。

　A イさんはパクさんに何をしてもらいましたか。

　B イさんはパクさんに仕事を教えてもらいました。

❹ A あなたはあいさんに何をしてあげましたか。

　B 私はあいさんに本を貸してあげました。

❺ A あいさんはあなたに何をしてくれましたか。

　B あいさんは私にピアノを弾いてくれました。

　A あなたはあいさんに何をしてもらいましたか。

　B 私はあいさんにピアノを弾いてもらいました。

❻ A パクさんはあなたに何をしてくれましたか。

　B パクさんは私におもしろい話をしてくれまし
た。

　A あなたはパクさんに何をしてもらいましたか。

　B 私はパクさんにおもしろい話をしてもらいました。

❼ A あなたはパクさんに何をしてあげましたか。

　B 私はパクさんに東京を案内してあげました。

12 日本の結婚式で気を付けなければならないことはありますか。

練習しましょう Ⓐ

1

❶ まさき　電車の中で電話をかけてもいいですか。

　スジ　いいえ、電話をかけてはいけません。

　まさき　どうしてですか。

　スジ　他の人に迷惑だ[うるさい]からです。

❷ まさき　美術館で写真を撮ってもいいですか。

　スジ　いいえ、写真を撮ってはいけません。

　まさき　どうしてですか。

　スジ　ルールだからです。

❸ まさき　映画館でケータイを見てもいいですか。

　スジ　いいえ、ケータイを見てはいけません。

　まさき　どうしてですか。

　スジ　他の人に迷惑だ[ルールだ]からです。

❹ まさき　図書館で食べたり飲んだりしてもいい
ですか。

　スジ　いいえ、食べたり飲んだりしてはいけ
ません。

　まさき　どうしてですか。

　スジ　他の人に迷惑だ[ルールだ]からです。

⑤ まさき　プールで走ってもいいですか。

スジ　いいえ、走ってはいけません。

まさき　どうしてですか。

スジ　危ない[他の人に迷惑だ]からです。

⑥ まさき　病院で(大きい声で)話してもいいですか。

スジ　いいえ、(大きい声で)話してはいけません。

まさき　どうしてですか。

スジ　うるさい[他の人に迷惑だ]からです。

練習しましょう Ⓑ

1

❶ スジ　まさきさんは週末仕事をしなければなりませんか。

まさき　はい、＿＿＿＿＿＿＿から仕事をしなければなりません。

いいえ、＿＿＿＿＿＿＿から仕事をしなくてもいいです。

❷ スジ　まさきさんは週末ごみを捨てなければなりませんか。

まさき　はい、＿＿＿＿＿＿＿からごみを捨てなければなりません。

いいえ、＿＿＿＿＿＿＿からごみを捨てなくてもいいです。

❸ スジ　まさきさんは週末料理を作らなければなりませんか。

まさき　はい、＿＿＿＿＿＿＿から料理を作らなければなりません。

いいえ、＿＿＿＿＿＿＿から料理を作らなくてもいいです。

❹ スジ　まさきさんは週末買い物をしなければなりませんか。

まさき　はい、＿＿＿＿＿＿＿から買い物をしなければなりません。

いいえ、＿＿＿＿＿＿＿から買い物をしなくてもいいです。

❺ スジ　まさきさんは週末早く寝なければなりませんか。

まさき　はい、＿＿＿＿＿＿＿から早く寝なければなりません。

いいえ、＿＿＿＿＿＿＿から早く寝なくてもいいです。

❻ スジ　まさきさんは週末病院に行かなければなりませんか。

まさき　はい、＿＿＿＿＿＿＿から病院に行かなければなりません。

いいえ、＿＿＿＿＿＿＿から病院に行かなくてもいいです。

13 ストレスを発散した方がいいですよ。

練習しましょう Ⓐ

1

❶ スジ　風邪を引いてしまいました。

まさき　それなら、＿＿＿た方がいいですよ。

それなら、＿＿＿ない方がいいですよ。

❷ スジ　遅刻してしまいました。

まさき　それなら、＿＿＿た方がいいですよ。

それなら、　　　　ない方がいいです
よ。

❸ スジ　道に迷ってしまいました。

まさき　それなら、　　　　た方がいいですよ。

それなら、　　　　ない方がいいです
よ。

❹ スジ　試験で0点を取ってしまいました。

まさき　それなら、　　　　た方がいいですよ。

それなら、　　　　ない方がいいです
よ。

2

❶ スジ　どうしましたか。元気がないですね。

まさき　パソコンが壊れたんです。

スジ　　　　たらどうですか。

まさき　そうですね。

❷ スジ　どうしましたか。元気がないですね。

まさき　友達とケンカしたんです。

スジ　　　　たらどうですか。

まさき　そうですね。

❸ スジ　どうしましたか。元気がないですね。

まさき　上司に叱られたんです。

スジ　　　　たらどうですか。

まさき　そうですね。

❹ スジ　どうしましたか。元気がないですね。

まさき　ストレスが溜まっているんです。

スジ　　　　たらどうですか。

まさき　そうですね。

練習しましょう Ⓑ

1

❶ まさき　今年は寒いと思いますか。

スジ　はい、寒いと思います。

いいえ、寒くないと思います。

❷ まさき　キムさんは会社にいると思いますか。

スジ　はい、いると思います。

いいえ、いないと思います。

❸ まさき　パクさんはカラオケが好きだと思いま
すか。

スジ　はい、好きだと思います。

いいえ、好きじゃないと思います。

❹ まさき　彼は大学生だと思いますか。

スジ　はい、大学生だと思います。

いいえ、大学生じゃないと思います。

❺ まさき　今回の試験は難しくなかったと思いま
すか。

スジ　はい、難しくなかったと思います。

いいえ、難しかったと思います。

❻ まさき　彼女は漢字がすらすら読めると思いま
すか。

スジ　はい、読めると思います。

いいえ、読めないと思います。

❼ まさき　あのドラマは成功だったと思いますか。

スジ　はい、成功だったと思います。

いいえ、成功じゃなかったと思います。

❽ まさき　田中さんは帰ったと思いますか。

スジ　はい、帰ったと思います。

いいえ、帰らなかったと思います。

❶ まさき どんな本が ☐ やすいと思います
か。

スジ ☐ が ☐ やすいと思います。

まさき じゃあ、どんな本が ☐ にくいと思
いますか。

スジ ☐ が ☐ にくいと思います。

❷ まさき どんな単語が ☐ やすいと思いま
すか。

スジ ☐ が ☐ やすいと思います。

まさき じゃあ、どんな単語が ☐ にくいと
思いますか。

スジ ☐ が ☐ にくいと思います。

❸ まさき どんな料理が ☐ やすいと思いま
すか。

スジ ☐ が ☐ やすいと思います。

まさき じゃあ、どんな料理が ☐ にくいと
思いますか。

スジ ☐ が ☐ にくいと思います。

❹ まさき どんな服が ☐ やすいと思います
か。

スジ ☐ が ☐ やすいと思います。

まさき じゃあ、どんな服が ☐ にくいと思
いますか。

スジ ☐ が ☐ にくいと思います。

14 この映画、今ランキング1位だそ うです。

練習しましょう Ⓐ

1

❶ 辛そうです。

❷ 大変そうです。

❸ 合格したようです。

❹ 忙しそうです。

❺ 暇そうです。

❻ 結婚した(結婚している)ようです。

❼ 気持ちよさそうです。

❽ 財布が落ちそうです。

❾ 泣きそうです。

❿ カレーのようです。

⓫ 事故が起こった(事故の/病気の人がいる)ようで
す。

⓬ 暑そうです。

⓭ 有名人(芸能人)のようです。

⓮ バッテリーがなくなりそうです。

⓯ まずそうです。／おいしくなさそうです。

練習しましょう Ⓑ

1

❶ スジ 先生によると今年結婚するそうです。

まさき そうなんですか。知りませんでした。

❷ スジ 佐藤さんによると夏休みにハワイへ行
ったそうです。

まさき そうなんですか。知りませんでした。

❸ スジ 新聞によると日本の人口は減っている
そうです。

まさき　そうなんですか。知りませんでした。

❹ スジ　山田さんによると新しく公開された映
　　　　画はおもしろかったそうです。

まさき　そうなんですか。知りませんでした。

❺ スジ　ニュースによると新しいケータイはカメ
　　　　ラがいいそうです。

まさき　そうなんですか。知りませんでした。

❻ スジ　天気予報によると明日は晴れだそうで
　　　　す。

まさき　そうなんですか。知りませんでした。

2

❶ スジ　赤ちゃんはかわいいですね。

まさき　はい、まるで天使のようです。

❷ スジ　彼はビールをたくさん飲みますね。

まさき　はい、まるで水のようです。

❸ スジ　田中さんは水泳が上手ですね。

まさき　はい、まるで水泳選手のようです。

❹ スジ　今日は風が強いですね。

まさき　はい、まるで台風のようです。

15 英語と韓国語が少し話せます。

チェックポイント Ⓐ

❶ 車の運転ができます。/ 車の運転ができません。

❷ 野菜が食べられます。/ 野菜が食べられません。

❸ 漢字が書けます。/ 漢字が書けません。

❹ 自転車に乗れます。/ 自転車に乗れません。

❺ 絵が描けます。/ 絵が描けません。

❻ 踊りが踊れます。/ 踊りが踊れません。

練習しましょう Ⓐ

1

❶ スジ　長く泳げますか。

まさき　はい、泳げます。

　　　　いいえ、泳げません。

❷ スジ　辛い料理が食べられますか。

まさき　はい、食べられます。

　　　　いいえ、食べられません。

❸ スジ　英語で話せますか。

まさき　はい、話せます。

　　　　いいえ、話せません。

❹ スジ　日本語で歌が歌えますか。

まさき　はい、歌えます。

　　　　いいえ、歌えません。

2

❶ スジ　焼酎が飲めますか。

まさき　いいえ、飲めません。

　　　　でも、ワインなら少し飲めます。

❷ スジ　日本料理が作れますか。

まさき　いいえ、作れません。

　　　　でも、韓国料理なら少し作れます。

❸ スジ　ギターが弾けますか。

まさき　いいえ、弾けません。

　　　　でも、ピアノなら少し弾けます。

❹ スジ　　　　　　ができますか。

まさき　いいえ、できません。

　　　　でも、　　　　なら少しできます。

練習しましょう Ⓑ

1

❶ まさき 一緒にカフェで勉強をしませんか。
　 スジ そうですね。店が静かなら(ば)、します。

❷ まさき 一緒に遊びませんか。
　 スジ そうですね。急な仕事が入らなければ、遊べます。

❸ まさき 一緒に山に登りませんか。
　 スジ そうですね。高くない山なら(ば)、登ります。

❹ まさき 一緒に映画を見ませんか。
　 スジ そうですね。残業がなければ、見ます。

2

❶ まさき 時計が壊れたんですが、どうすればいいですか。
　 スジ 修理に出せばいいですよ。

❷ まさき 風邪を引いたんですが、どうすればいいですか。
　 スジ 薬を飲めばいいですよ。

❸ まさき 太ったんですが、どうすればいいですか。
　 スジ 運動をすればいいですよ。

❹ まさき 宿題を忘れたんですが、どうすればいいですか。
　 スジ 　　　　　ばいいですよ。

16 結婚しても仕事を続けたいです。

練習しましょう Ⓐ

1

❶ スジ 鈴木さんが会社を辞めるらしいですよ。
　 まさき そうなんですか。
　　　　　 全然知りませんでした。

❷ スジ あのパン屋はおいしいらしいですよ。
　 まさき そうなんですか。
　　　　　 全然知りませんでした。

❸ スジ 山本さんは最近仕事が暇らしいですよ。
　 まさき そうなんですか。
　　　　　 全然知りませんでした。

❹ スジ 佐藤さんのお父さんは社長らしいですよ。
　 まさき そうなんですか。
　　　　　 全然知りませんでした。

練習しましょう Ⓑ

1

❶ スジ もし夜お腹が空いたら、何か食べますか。
　 まさき はい、お腹が空いたら何か食べます。
　　　　　 いいえ、お腹が空いても何も食べません。

❷ スジ もし日本語が難しかったら諦めますか。
　 まさき はい、日本語が難しかったら諦めます。
　　　　　 いいえ、日本語が難しくても諦めません。

❸ スジ もし暇だったら寝ますか。
　 まさき はい、暇だったら寝ます。

いいえ、暇でも寝ません。

❹ スジ　もし週末休みだったら夜遅くまで遊び
　　　　ますか。

まさき　はい、週末休みだったら夜遅くまで遊
　　　　びます。

　　　　いいえ、週末休みでも夜遅くまで遊び
　　　　ません。

2

❶ まさき　スジさん、もしお金持ちだったら何がし
　　　　たいですか。

スジ　そうですね。　　　　　　　　たいです。

まさき　どうしてですか。

スジ　　　　　　　　　　　　から。

❷ まさき　スジさん、もし日本語がペラペラだった
　　　　ら何がしたいですか。

スジ　そうですね。　　　　　　たいです。

まさき　どうしてですか。

スジ　　　　　　　　　　　　　　から。

❸ まさき　スジさん、もしタイムマシーンがあった
　　　　ら何がしたいですか。

スジ　そうですね。　　　　　　たいです。

まさき　どうしてですか。

スジ　　　　　　　　　　　　から。

❹ まさき　スジさん、もし週末天気がよかったら
　　　　何がしたいですか。

スジ　そうですね。　　　　　　　たいです。

まさき　どうしてですか。

スジ　　　　　　　　　　　　から。

17 ミスをして上司に叱られました。

練習しましょう Ⓐ

1

❶ スジ　どうしたんですか。

まさき　泥棒にかばんを盗まれました。

スジ　それは大変でしたね。

❷ スジ　どうしたんですか。

まさき　となりの人に足を踏まれました。

スジ　それは大変でしたね。

❸ スジ　どうしたんですか。

まさき　母にマンガを捨てられました。

スジ　それは大変でしたね。

❹ スジ　どうしたんですか。

まさき　知らない人に傘を持って行かれました。

スジ　それは大変でしたね。

2

❶ スジ　どうしたんですか。

まさき　外国人に道を聞かれました。

スジ　それは大変でしたね。

❷ スジ　どうしたんですか。

まさき　恋人にプロポーズされました。

スジ　それはよかったですね。

❸ スジ　どうしたんですか。

まさき　友達に笑われました。

スジ　それは恥ずかしかったですね。

❹ スジ　どうしたんですか。

まさき　上司に叱られました。

スジ　それは散々でしたね。

185

練習しましょう B

1

❶ A お母さんはまさきさんに何をさせましたか。
   B 母は私に料理を作らせました。

❷ A お母さんはまさきさんに何をさせましたか。
   B 母は私に掃除をさせました。

❸ A お母さんはスジさんに何をさせましたか。
   B 母は私に早く寝させました。

❹ A お母さんはまさきさんに何をさせましたか。
   B 母は私にピアノを習わせました。

2

❶ 母は子供に牛乳を飲ませます。
❷ 彼女は彼氏に服を買わせました。
❸ 父は私にご飯をきれいに食べさせました。
❹ まさきさんはスジさんに犬の世話をさせます。

3

❶ まさき 明日は何をしますか。
   スジ 先生に会ったり友達に会ったりするつもりです。

❷ まさき 今日の夜は何をしますか。
   スジ テレビを見たり友達に電話をかけたりするつもりです。

❸ まさき 仕事が終わった後は何をしますか。
   スジ 運動をしたり友達とご飯を食べたりするつもりです。

❹ まさき 授業が終わった後は何をしますか。
   スジ 　　　　たり　　　　たりするつもりです。

18 部屋のドアが開いていますよ。

チェックポイント A

窓が開けてあります。
窓が開いています。
窓が閉めてあります。
窓が閉まっています。
電気がつけてあります。
電気がついています。
電気が消してあります。
電気が消えています。
車が止めてあります。
車が止まっています。
本が入れてあります。
本が入っています。

練習しましょう A

1

スジ 部屋はどうなっていますか。

まさき Aの部屋は電気が消えていますが(消してあります)が、Bの部屋は電気がついています(つけてあります)。

スジ 部屋はどうなっていますか。

まさき Aの部屋はエアコンがついています(つけてあります)が、Bの部屋はエアコンが消えています(消してあります)。

スジ 部屋はどうなっていますか。

まさき Aの部屋は棚の上に花が置いてありますが、Bの部屋は棚の上に人形が置いてあります。

スジ 部屋はどうなっていますか。

まさき Aの部屋は時計がかけてあります[時計が
かかっています]が、Bの部屋はポスターが
貼ってあります。

スジ 部屋はどうなっていますか。

まさき Aの部屋はパソコンがついています(つけて
あります)が、Bの部屋はパソコンが消えて
います(消してあります)。

スジ 部屋はどうなっていますか。

まさき Aの部屋はソファーの上に服が置いてあり
ますが、Bの部屋はソファーの上に日本語
の本が置いてあります。

スジ 部屋はどうなっていますか。

まさき Aの部屋は引き出しにはさみが入っていま
せん(入れてありません)が、Bの部屋は引き
出しにはさみが入っています(入れてありま
す)。

練習しましょう B

1

❶ スジ 二人は結婚するでしょうか。

　　まさき そうですね。結婚するでしょう。

　　スジ どうしてですか。

　　まさき 長く付き合っていますから。

❷ スジ 今日の野球の試合は無理でしょうか。

　　まさき そうですね。無理でしょう。

　　スジ どうしてですか。

　　まさき たくさん雨が降っていますから。

❸ スジ あの人は日本人でしょうか。

　　まさき そうですね。日本人でしょう。

　　スジ どうしてですか。

　　まさき 日本語を話していましたから。

❹ スジ 今度の試験は難しいでしょうか。

　　まさき そうですね。難しいでしょう。

　　スジ どうしてですか。

　　まさき 先生が言っていましたから。

2

❶ 山本さんは電話に出ませんから、(例 忙しい/
寝ている) かもしれません。

❷ 渡辺さんは顔が赤いですから、(例 お酒を飲ん
だ/恥ずかしい)かもしれません。

❸ 子供が泣いています。(例 迷子になった/お母さ
んに叱られた)かもしれません。

❹ 救急車が止まっています。(例 事故が起きた/事
故)かもしれません。

❺ この前のテストは簡単でしたから、(例 今回は
難しい/満点/いい点が取れた)かもしれません。

❻ 熱があって頭も痛いですから、(例 風邪/風邪を
引いた)かもしれません。

Memo